ENCUENTROS CON LO SUBLIME

José Luis Navajo

ENCUENTROS CON LO SUBLIME

Siéntate cada día a los pies de Jesús,
y cuéntale luego al mundo lo que has visto

ORIGEN

Penguin
Random House
Grupo Editorial

Primera edición: febrero del 2022

8950 SW 74th Court, Suite 2010
Miami, FL 33156
Publicado por ORIGEN,
una marca registrada de Penguin Random House Grupo Editorial.

Diseño de cubierta: Marcos Quevedo
Imagen de cubierta: Shutterstock/ Fran_ky

Impreso en México/ *Printed in Mexico*

ISBN: 978-1-64473-369-1

ORIGEN es una marca registrada de Penguin Random House Grupo Editorial

21 22 23 24 10 9 8 7 6 5 4 3 2 1

ÍNDICE

Jesús les dijo: Andáis equivocados porque
desconocéis las Escrituras
y el poder de Dios.
Mateo 22:29

Este libro fue escrito íntegramente durante una atroz pandemia: el Covid–19, que por un tiempo prolongado sacudió al mundo y sus habitantes. Dedico este libro a las víctimas de esta crisis sanitaria. De manera muy especial a la memoria de quienes murieron en absoluta soledad y a cuantos quedaron con el alma hecha jirones por no poder despedirlos. Recomencemos ahora de la mano de Aquel que transforma ruinas en palacios y escombros en obras de arte: ese Ser Sublime que acaricia el alma y provoca gloriosos cambios en nuestro espíritu.

AGRADECIMIENTOS

Es cierto que la concepción de un libro se produce en el corazón del autor, pero se precisa luego de mucha ayuda para que el embrión crezca y tome forma hasta ser una criatura de papel y tinta. Enumero a continuación a diversos colaboradores cuya contribución fue decisiva para este alumbramiento:

Solo Dios sabe, apreciado Larry Downs, la inyección de estímulo y motivación que suponen las propuestas que me haces para iniciar nuevos proyectos. Mi gratitud más sincera a ti y al magnífico equipo de profesionales que conforman Libros Origen.

Un aplauso sincero y ferviente al grupo de lectura "El aroma de un libro y un café", por su fidelidad y constancia en estudiar mis obras, y por las aportaciones a este proyecto que, sin duda, lo han enriquecido. De igual modo debo expresar mi agradecimiento a la periodista y comunicadora venezolana Leilani Pinto, por la magnífica labor de corrección y asesoría que desde la bella ciudad de Maracaibo me ha brindado.

Bendición es la palabra que resuena en mi mente, cuando veo a la *temible pandilla:* Emma, Ethan y Oliver, entrar en casa a la carrera, forzando al abuelo a cambiar el trabajo por el juego. No interrumpen mi trabajo, solo hacen que mi mente se oxigene y el manuscrito madure.

La familia es mi mayor tesoro humano y el principal ministerio. Gracias, Gene, Querit y Miriam por recordármelo a diario y hacerme valorarlo.

Indecibles gracias a quienes mantienen sus manos en el arado de la literatura, permitiendo que lo que nace en la intimidad llegue a la sociedad: editoriales, imprentas, distribuidores, libreros, colportores... Gracias a cada eslabón de esta bendita cadena que nos conecta con el lector.

Mi gratitud más cercana y entrañable a mi madre y a mi suegra, *fans* incondicionales, por estimularme siempre a seguir escribiendo.

Eres el último en esta lista, querido Dios, pero el primero en mi mente y corazón. Mi agradecimiento, amor y clara dependencia son de ti y para ti. Gracias por tu Gracia que siempre me sostiene.

NO CONTINÚES, TE LO RUEGO, SIN ANTES LEER ESTO...

Siempre he pensado que es mejor fallar en originalidad que triunfar en imitación.

Hay oradores y escritores que no terminan de "engancharme" porque es evidente la búsqueda del estilo, y lo que es peor: la de un estilo que no es el propio, sino del escritor o predicador de moda.

El estilo forzado perjudica al comunicador que debería limitarse a hacer como el cristal: dejar paso a la luz. Nos toca ser filtros tan limpios que cuelen la luz sin deformarla y difundan lo que ha de ser dicho como tiene que ser dicho. No enturbiando el agua para que parezca más profunda; eso lo hacen mejor los búfalos; ni engalanando la frase para fingirla más bella, pues el mejor ornamento para el lenguaje es la sencillez y la claridad.

Leí que demasiados autores, y de los más afamados, precisaban la ayuda del alcohol para lograr sus mejores textos: Hemingway, Faulkner, Poe, Fitzgerald, Truman Capote, Oscar Wilde, Stephen King... El artículo señalaba que es tan fácil encontrar a escritores adictos al alcohol que sería más sencillo hacer una lista de quienes fueron o son abstemios. Cinco de los siete premios Nobel de Literatura americanos eran consumidores compulsivos de licores de altísima graduación. Incluso el afamado escritor y poeta alemán, nacionalizado estadounidense, Charles Bukowski, escribía: "¿Que por qué bebo alcohol? Hijo, porque ninguna buena historia comienza con un 'estaba yo comiendo una ensalada'".

Esa adicción arruinó la vida –y la cartera– de muchos, incluso a algunos les provocó una muerte prematura. Vidas marcadas por la dependencia y el abandono. Resulta incómodo pensar que, en esos estados de borrachera, cuando los vapores etílicos inundaban su cerebro, surgían los textos más perfectos de la literatura.

Bien, ha llegado el momento de hacer una confesión: También yo...

Fuera de toda duda, mis mejores textos han visto la luz en la embriaguez, pero no por el alcohol, sino la que me provoca la presencia de Dios, saturado de ese influjo sagrado que genera la proximidad de su Espíritu. Escribir sin haber bebido de ese sagrado vino me parece tan complicado como masticar arena. Dependo completamente de ese estimulante para la creación literaria. Es bajo ese estado indefinible, indescriptible, imprescindible que las palabras reverberan en mi mente y hormiguean en mis dedos. Entonces, escribir se vuelve una pasión imposible de postergar.

Estoy convencido de que comunicar bien es un talento, pero ser emisario del Cielo es un don altísimo que se adquiere con la divisa de tiempos de intimidad con Dios. Allí, en ese lugar sagrado se nos entrega el mensaje, y la pasión por comunicarlo y la gracia, también, para hacerlo con efectividad.

Lo mismo que escribir lleno de Dios, otros de mis mejores textos surgieron cuando estuve ebrio de dolor, "padecimientos terapéuticos", así los llamo. Las fatigas que a una mujer le impone el parto se ven amainadas y disueltas por la ilusión del hijo que llega, aunque de momento todo parezca confuso: es un dolor camino de la vida, del mismo modo escribir en medio del dolor es como dar a luz. Cuántas veces me han dicho: "¡Qué suerte poder expresar sus sentimientos porque, al expresarlos, se libera de ellos!", pero generalmente no escribo para olvidar, sino para extraer el néctar del dolor.

No quiero dar la impresión equivocada de que me deleito en mi sufrimiento, no soy un masoquista del alma; prefiero la risa al llanto y el gozo al duelo. Envidio a quienes enfrentan la vida con el arma juiciosa de sus carcajadas; sin embargo, el dolor que se ha ingerido, si se digiere bien –y yo lo hago al escribirlo–, no solo sana, sino que se convierte en agente de sanidad. Una experiencia, ya sea triste o alegre, Una experiencia, ya sea triste o alegre, sin analizar y examinar, carece de valor para enseñarnos.

Muchas veces me han preguntado por qué escribo. Me es más sencillo decir por qué no escribo: no escribo para que me quieran, no escribo para ser conocido o admirado, no escribo –aunque suene paradójico– para ser leído. Escribo porque lo necesito para sentirme vivo. Si me impidieran hacerlo, moriría; Tal vez no en el sentido físico de la palabra –que no es el más importante– pero moriría.

CON GRATITUD A MIS LECTORES

A mí no se me dio otra opción, no tuve capacidad de elección, sino de obediencia; es por ello que siento una enorme gratitud hacia mis lectores y aprecio que mantengan su fidelidad a mi obra, y que se vinculen e identifiquen conmigo. Disfruto reunirme con los clubs de lectura e interactuar con aquellos que viven leyendo y leen viviendo.

Si mis primeros colaboradores son Dios, la soledad y el silencio, los últimos, pero imprescindibles, son precisamente los lectores: ellos son quienes concluyen en definitiva el libro.

Para mí escribir es vivir. Lo que sobrevenga, sea éxito o fracaso, no afecta esencialmente al creador.

Quizá al no habérseme dado otra opción que la de escribir, Dios, en cuyas manos aspiro a ser un rotulador dócil, me ha regalado la dicha de sentirme cómodo ante cualquier temática que me toque desarrollar. Oponerme a ello sería equiparable a que el violín se resista a liberar las notas que la mano del músico determina extraer del alma del instrumento.

Pero escribir lo que estás a punto de leer ha supuesto un especial deleite. Siempre dedico más tiempo a investigar la materia que a escribirla. Este libro tiene una temática exclusiva: Jesucristo y algunas de las personas que se encontraron con Él.

Como podrás imaginar, el análisis del tema me impuso la deleitosa ocasión de sentarme cada día a los pies de Jesús y volcar luego en el papel lo que había visto: eso me ha transformado.

Cuanto más le conozco más le amo y cuanto más le amo más preciso conocerle. Quiero vivir cautivo en ese bucle bendito, siempre renovado y siempre renovador.

El libro que sostienes en tus manos, no aspira a más, pero tampoco a menos, que ser un apacible mirador desde el que contemplemos a Jesús tratando con las personas. Pronto observarás que, a diferencia de los libros anteriores, no se trata de una novela, sino de un conjunto de historias bíblicas que coloqué sobre la sagrada mesa de autopsias y diseccioné con el bisturí de la oración y la guía indispensable del Sagrado Cirujano de almas. Es un conjunto de encuentros, cada uno de los cuales tienen como epicentro y corazón la persona de Jesús. Es decir, cada relato nos aproxima a Jesús y, desde ese sagrado observatorio, podemos comprobar que en Él se concentra todo lo sublime.

Es imposible encontrarse con Jesús y no ser transformado. Ante su amor se deshace el lienzo sobre el que plasmaríamos nuestra desdicha y se disuelve el papel donde retrataríamos nuestro lamento; Él llena nuestra máxima necesidad: amor. La gente ha nacido para ser amada y las cosas para ser usadas, pero hoy impera una terrible confusión: las personas están siendo usadas y las cosas amadas. Un encuentro con Jesús devuelve el orden y, en consecuencia, la paz. Su majestad, además, derrite nuestras medallas como si fueran de cera –¿quién puede pretender brillar al estar junto al sol?– y hace que todo adquiera su tamaño exacto y la justa dimensión.

Un encuentro con Jesús traspasa la frontera del alma, cruza la capa de las emociones y llega al espíritu, donde se producen los cambios. ¿Cómo nos encontramos hoy con Jesús? Principalmente en Su Palabra. Cada línea de la Biblia desborda con su Gracia. Quien respira letras exhala palabras, pero quien respira Biblia exhala vida.

Quiera Dios que este sencillo trabajo te motive a sentarte a los pies del más sublime y enamorarte de Él. Si acudes a ese mirador, es probable que allí me encuentres, fascinado por su Gracia y felizmente cautivo de su majestad.

Te espero en el sagrado observatorio; seguro que ambos coincidimos en que nada es comparable a convertir Su Corazón en almohada y su costado abierto en domicilio permanente.

José Luis Navajo
Madrid, diciembre de 2020

EL SIERVO DE LA ÚLTIMA HORA

El reino de los cielos puede compararse al amo de una finca que salió una mañana temprano a contratar jornaleros para su viña. Convino con los jornaleros en pagarles el salario correspondiente a una jornada de trabajo, y los envió a la viña. Hacia las nueve de la mañana salió de nuevo y vio a otros jornaleros que estaban en la plaza sin hacer nada. Les dijo: "Id también vosotros a la viña. Os pagaré lo que sea justo". Y ellos fueron. Volvió a salir hacia el mediodía, y otra vez a las tres de la tarde, e hizo lo mismo. Finalmente, sobre las cinco de la tarde, volvió a la plaza y encontró otro grupo de desocupados. Les preguntó: "¿Por qué estáis aquí todo el día sin hacer nada?". Le contestaron: "Porque nadie nos ha contratado". Él les dijo: "Pues id también vosotros a la viña".

Al anochecer, el amo de la viña ordenó a su capataz: "Llama a los jornaleros y págales su salario, empezando por los últimos hasta los primeros". Se presentaron, pues, los que habían comenzado a trabajar sobre las cinco de la tarde y cada uno recibió el salario correspondiente a una jornada completa. Entonces los que habían estado trabajando desde la mañana pensaron que recibirían más pero, cuando llegó su turno, recibieron el mismo salario. Así que, al recibirlo, se pusieron a murmurar contra el amo diciendo: "A estos que solo han trabajado una hora, les pagas lo mismo que a nosotros, que hemos trabajado toda la jornada soportando el calor del día". Pero el amo contestó a uno de ellos: "Amigo, no te trato injustamente. ¿No convinimos en que trabajarías por esa cantidad? Pues tómala y vete. Si yo quiero pagar a este que llegó a última hora lo mismo que a ti, ¿no puedo hacer con lo mío lo que quiera? ¿O es que mi generosidad va a provocar tu envidia?".

Así, los que ahora son últimos serán los primeros, y los que ahora son primeros serán los últimos.

MATEO 20:1–16, BLP.

Preludio

Lo que proyectaba la televisión me causó tal impacto que dejé la cuchara junto al plato, me olvidé de la comida y centré toda mi atención en la pantalla led de treinta pulgadas: la imagen mostraba a decenas de personas, de todas las edades, agolpándose en la entrada de un mercado. Se arremolinaban en torno a los camiones para, espontáneamente, ayudar a los empresarios a descargar las frutas y verduras.

¿Por qué lo hacían? ¿El mágico y benefactor espíritu de la Navidad los había vuelto solidarios? ¿Descargaban los camiones para cubrir su cuota de buenas obras ante las fiestas navideñas? No. Nada de eso. Su disposición a ayudar tenía más de hambre que de altruismo. Estaba más relacionada con la necesidad que con la filantropía. Su objetivo al descargar el camión era ser reclutados para realizar a diario esa labor a cambio de un pago.

No habría en esto nada llamativo de no ser porque muchos de esos "voluntarios" que descargaban frutas eran personas de altísima cualificación y un amplio y brillante historial académico y profesional. Estoy refiriéndome a ejecutivos de reconocidas compañías, ingenieros, abogados, físicos y científicos, pero que a causa de la Covid–19 perdieron su puesto de trabajo, o sus empresas habían cerrado. Necesitaban seguir trabajando, en lo que fuera.

Fue inevitable que el suceso me remitiera al relato bíblico que acabas de leer.

En todas las parábolas, Jesús cuenta una historia hecha de elementos de la vida diaria: retrata el contexto social de su época, donde los oyentes podían reconocerse. En este caso, el Señor menciona al propietario de una viña que, al alba, va al mercado para reclutar trabajadores.

Me sumergí en la historia y buceé en ese delicioso mar de tinta como quien se mueve entre arrecifes de coral. Las imágenes que descubrí son bellísimas y te ruego me permitas compartirlas contigo, pero antes concédeme que incorpore unas notas de carácter personal con el fin de que nos conozcamos mejor.

Mi desempeño ministerial se concentra fundamentalmente en la palabra, hablada y escrita, pero disfruto más de escribirla porque verbalizarla me supone un esfuerzo emocional muy grande, redactar; sin embargo, me nutre y estimula.

Cuando vuelvo la vista atrás, hasta mi infancia, veo a un niño con un libro entre las manos, sentado en la calle, con la espalda apoyada en la pared y leyendo, siempre leyendo; entonces, solía detener la lectura para descansar la vista y posar la mirada en el horizonte, sintiendo el corazón acelerado por una idea que a ratos se convertía en ilusión, y por momentos tomaba la forma y el peso de una obsesión: "Algún día yo también escribiré". Tenía claro que amaba redactar; el resto eran ensoñaciones que consideraba inalcanzables.

Siempre fui una persona tímida a la que le costaba expresar sus pensamientos en público, aún conservo esa característica, aunque predico y dicto conferencias casi a diario; esa exposición a través del tiempo, no alivia el incómodo pellizco que siento en el estómago cada vez que se acerca el momento de pisar el estrado; es mucha la desazón que me embarga mientras voy ganándome la confianza del auditorio, o más bien la confianza en mí mismo para dirigirme al auditorio.

Siendo adolescente, cuando hablar con los demás me abrumaba, descubrí que dialogar con el papel me resultaba más sencillo. Volcaba mis alegrías, emociones, anhelos y preocupaciones sobre la página en blanco y eso no me cohibía, ni me hacía sudar las manos, ni me cerraba el estómago. Así fue como un bloc de hojas cuadriculadas con una espiral de alambre que las unía se convirtió en mi fiel compañero y leal confidente. Ya lo ven, de haber sido extravertido y locuaz tal vez nunca hubiera escrito; a veces nuestras flaquezas son el dedo índice que señala nuestras fortalezas y nos ayudan a descubrirlas.

Lewis Carroll, sufría tartamudez, pero ¿sabían que el resto de sus hermanos –en total once– también eran tartamudos? Además, padeció sordera durante sus primeros años de vida y se cree que fue obligado a escribir con la mano derecha, cuando en realidad era zurdo, siendo presionado para corregir su propia naturaleza. Si bien su tartamudez le impidió ingresar al seminario, como deseaba, ninguna de las dificultades que enfrentó en su infancia significó un freno para que se entregara fervorosamente a la lectura y escribiera *Alicia en el país de las maravillas*, una de las obras más innovadoras de su tiempo, que marcó un antes y un después en la literatura infantil. Sus flaquezas lo empujaron a descubrir su gran fortaleza.

Igual sucedió conmigo: mi timidez y melancolía me guiaron al papel en blanco y me ayudaron a dotarlo de sentido, aunque pasaron muchos años antes de tener el valor para enviar a los editores algo de lo que había escrito. Mis más íntimos –en especial Gene, mi musa, mi amor, mi esposa– me motivaban a hacerlo, creían en mí mucho más que yo mismo. Donde yo veía papel emborronado, ellos veían algo que merecía ser leído.

Esperé tantos años que, cuando envié el primer puñado de hojas, lo hice a veinte editoriales al mismo tiempo. Agradezco a Dios por Gene, que me alentó en la empresa y no puso objeción a que el sueldo de ese mes se dedicase, casi íntegramente, a que un montón de páginas cruzaran el océano hacia veinte destinos diferentes. No había correo electrónico entonces, solo disponíamos de un correo postal tan caro como lentísimo. Entonces no lo sabía ni podía sospecharlo, pero al pisar aquella oficina de correos, cargando una bolsa repleta de manuscritos, estaba iniciando un camino donde conocería, de frente, el horrible rostro del rechazo.

Seis meses –que se me antojaron mil vidas– después de aquel envío, comenzaron a llegar negativas. Una tras otra, fueron acumulándose cartas de desaprobación y rechazo al trabajo realizado. Las editoriales más educadas remitieron una nota en la que me animaban a tocar otras puertas –como si no lo hubiese hecho ya–; las menos corteses solo respondieron con el silencio y las más desconsideradas devolvieron el sobre sin abrirlo. Acumulé diecinueve negativas a lo largo de dieciocho meses. Para alguien que había invertido en aquello mucho dinero, tiempo y casi el corazón completo, supuso una dura e interminable sucesión de golpes.

Guardo esas cartas para animar con ellas a quienes desean entrar en la corriente sanguínea del mundo editorial y al primer varapalo se desmoronan, y también las atesoro para obligarme a recordar que no deberíamos permitir que otros marquen el valor de nuestras vidas, ni tasen el precio de nuestros actos. Al repasar las misivas me afirmo en la idea de que nada frena el designio de Dios para una vida; nada excepto nosotros mismos.

Cada negativa representaba un mazazo en mi frágil autoestima. Visitaba en ese tiempo –siempre me ha gustado hacerlo– librerías y bibliotecas, y al observar los estantes abarrotados de volúmenes y el espacio de Novedades siempre lleno, me decía: "Todos publican, menos yo. Hay espacio para cualquiera menos para mí". Siempre la voz de Gene, mi compañera de vida, me alentó: "Tienes cosas importantes que decir y talento para decirlas, si Dios lo determina se abrirá la puerta".

Cuando aquel asunto de publicar ya casi se había borrado de mi mente, recibí una respuesta alentadora; no garantizaba nada, pero me decían que les había gustado lo que leyeron: "Sin que este mensaje suponga ningún compromiso por nuestra parte –matizaron– queremos informarle que estamos valorando su manuscrito".

Casi dos años después de mi osadía al tocar las puertas de las casas editoras, un pequeño libro de ciento doce páginas, con mi nombre impreso en la portada, veía la luz bajo el sello de Vida Publisher: *Mi mayor legado*, ese fue mi primogénito de papel y tinta. Recuerdo abrazar ese primer ejemplar mientras abrazaba también a Gene, cómplice imprescindible y parte esencial de ese logro.

Veintidós años han pasado desde entonces y veintiséis libros han quedado en el camino; cada uno de ellos testifica que si Dios da una visión también da la provisión. Dios no tarda, Dios se esmera. Pero Su soberanía no nos exime de trabajar con constancia. Él da pan a las aves, pero no se lo lleva al nido, así que sigo trabajando a diario con diligencia, para que cuando llegue la inspiración me encuentre volcando ideas sobre mi libreta o tecleando con viveza en mi pequeña MAC.

Pero permíteme volver a esas sensaciones que me embargaban cuando por la ranura del buzón de casa asomaba un sobre con el membrete de una editorial: millones de hormigas parecían corretear por mi vientre mientras rasgaba el sobre con manos temblorosas. Ni una de ellas quedaba viva cuando la recurrente frase: "Lamentamos comunicarle que...", empañaba mis pupilas.

Conozcamos al protagonista

Con esta larguísima introducción he pretendido ayudarte a tocar los sentimientos que el jornalero de la parábola experimentó. Te invito a aproximarnos a él para sumergirnos en el maremágnum de emociones que agitan su interior. Ven, vayamos a la plaza de la aldea.

Míralo, es aquel, el que permanece en pie, guarecido a la sombra del árbol. Sí, el de túnica raída, de color indefinible, con los pies descalzos. ¡Fíjate en sus ojos! ¿Verdad que hay en ellos una mezcolanza de emociones? Percibo desánimo y determinación a partes iguales.

Este lugar: la plazuela; con sus diez palmeras regalando sombra, es el punto de reunión de todos los que necesitan trabajar. Acuden cada mañana con la esperanza de ganar el jornal del día –de ahí deriva el título que les otorgan: jornaleros–. Solo aspiran a llevar el sustento imprescindible al hogar. Acuden temprano, él está aquí desde antes del amanecer, pues cuando el sol despunta en el horizonte llegan los terratenientes, propietarios de viñas y de otros campos de cultivo, para reclutar la mano de obra que precisan en esa jornada.

La competencia es feroz, y la buena condición física y las capacidades de cada uno determinan la rapidez con la que serán elegidos. Por eso él llegó cuando aún era de noche: confía en que algún patrón acuda antes de que lleguen los competidores más cualificados.

Cada vez que un terrateniente se aproxima, la esperanza cosquillea en su vientre, pero vez tras vez son otros los elegidos y la decepción va cubriéndolo como manta de plomo. Así, en una espera angustiante, ve avanzar el día y ascender el sol. A la decepción se suma el hecho de que la plaza es muy concurrida, en ella está el mercado y los jornaleros no contratados exhiben su derrota ante todo el pueblo.

Guarecido bajo las frondosas palmeras evita las llamaradas del sol de principios de septiembre. Se desploma el calor sin resistirse, sin asirse de las copas de los árboles, ni de los tejados, ni a las familiares fachadas ante las que el jornalero aguarda cada día. ¡Míralo! ¿Puedes apreciar en sus ojos la lucha interna que libra?

Ya pasó el mediodía y el sol, afirmando sin piedad su monarquía, abofetea cada uno de los cuadrantes de la plaza. A medida que el tiempo avanza las posibilidades de ser contratado decrecen; sufre "el síndrome del despreciado": muerde sus tripas, mientras su vergüenza y frustración crecen; pero no abandona su lugar. Ni siquiera se sienta, pues eso podría interpretarse como un gesto de cansancio o debilidad. Permanece de pie, manifestando una decisión y fortaleza que dista mucho de sentir. Cuando el agotamiento amenaza con vencerlo piensa en sus tres hijos, y sobre todo en su mujer, Dorcas. "Una mujer que, con su sola presencia, alivia la pesadumbre del vivir". Así describiría Miguel Delibes, siglos después, a su mujer que falleció prematuramente, en su obra *Señora de rojo sobre fondo gris*. Pero ese pensamiento, aun cuando no sabe expresarlo, es el que este humilde trabajador tiene sobre Dorcas. Pensar en ella le devuelve la sonrisa, y saber que en la noche volverá a abrazarla, igual que a sus hijos, le llena de ilusión.

El sol, muy alto, ilumina la escena de un grupo de obreros ya muy reducido: son los rechazados; los que nadie quiere emplear. Tal vez de apariencia débil y escuálida, o con algún defecto que desvela su falta de idoneidad.

Otro hándicap añadido es que los trabajadores, para ser contratados, deben suministrar sus propias herramientas. Por lo tanto, los propietarios de tierras suelen elegir a quienes muestran no solo la mejor forma física, sino también el instrumental de más calidad y mejor afilado. Pero eso requiere dinero, y si no lo contratan, ¿cómo obtenerlo?

Si en tu niñez jugaste futbol con los amigos de tu barrio, o los compañeros de escuela, probablemente recuerdas ese momento en que los capitanes de ambos equipos seleccionaban a quienes vestirían su camiseta. El dedo índice señala al elegido y el capitán pronuncia su nombre. Primero escogen a los más hábiles, luego a los más veloces, luego a los menos ineptos y siempre quedaban dos: los relegados, los que nadie quería, pero no había más remedio que incorporarlos, su elección no era ya un acto deportivo, sino un gesto humanitario. Probablemente estoy sensibilizado con ello, porque yo solía formar parte de esa última remesa. Sé lo que es aguardar hasta el final. Por eso puedo bucear con pericia en el alma de los últimos jornaleros en ser contratados.

El sol está cansado, lo mismo que él: el día fue demasiado largo, demasiado caliente, demasiado vacío... ¡y la vaciedad pesa tanto! Es cierto que la vida, cuanto más vacía más pesada.

Mientras el sol se abandona en brazos de la noche anticipada, él valora seriamente volver a casa. El dueño de la viña ha venido cuatro veces y tan solo queda una hora para que termine la jornada. ¿Qué sentido tiene permanecer allí?

Pero ¿realmente habrá acabado todo? ¡No, aún no! A lo lejos se adivina la silueta de alguien que se acerca a la plaza, ya casi vacía. El trabajador frota sus ojos y hace visera con la mano para esquivar el fulgor del sol que está bajo. ¡Sí! Alguien se aproxima, y por su forma de caminar, juraría que es... ¡Es él! El dueño de la viña, por supuesto que vendrá a comprar algo al mercado, no tiene sentido que a esas horas aún busque mano de obra. Pero ¡se acerca al jornalero! Se dirige al trabajador relegado.

¡Espera! Guardemos silencio para escuchar lo que le dice:

–¿Qué haces aquí, desocupado? ¿Por qué no estás trabajando?

–Porque nadie me ha contratado.

La respuesta parece obvia, pero el amo quería escucharla, tal vez para que del marginado surgiera esa sensación que lo quemaba, para que, verbalizada y expulsada, en una suerte de exorcismo, saliera de su interior donde quemaba.

¿Te has sentido alguna vez así? Pareciera que hay lugar y oportunidades para todos menos para ti. Llamaste a mil puertas y todas permanecieron cerradas, o se abrieron para que escucharas: "No hay lugar". Enviaste mil currículos y los adivinas todos llenando el cesto de los papeles inservibles.

–Pues ve también a mi viña –le dice el amo al jornalero–. Allí hay trabajo para ti.

¿Oíste? Sucedió lo impensable. ¡Lo ha contratado! ¡Espera! Yo creo que el trabajador no ha oído, o tal vez no da crédito a lo que ha escuchado. Con la boca abierta por el asombro mantiene la mirada en el patrón, hasta que este repite:

–¡Ve a la viña, amigo! ¡Necesito que trabajes para mí!

Mira el incendio de ilusión que se prende ahora en sus pupilas. ¡Ha sido elegido! Pero, ¿seguro que lo ha contratado? La palabra salario no estuvo incluida en la breve conversación. Ni el dueño de la viña ni el jornalero han mencionado nada relativo al pago.

En los cuatro grupos anteriores se aclaran los honorarios, o al menos se habla de que serán remunerados justamente. El relato es bien claro:

> "Convino con los jornaleros en pagarles el salario correspondiente a una jornada de trabajo, y los envió a la viña. Hacia las nueve de la mañana salió de nuevo y vio a otros jornaleros que estaban en la plaza sin hacer nada. Les dijo: 'Id también vosotros a la viña. Os pagaré lo que sea justo'. Y ellos fueron. Volvió a salir hacia el mediodía, y otra vez a las tres de la tarde, e hizo lo mismo".

Pero a este de la última hora no le dijo nada. No se menciona pago, ni salario. No se habla de remuneración. La breve conversación no suena a entrevista mercantil sino a labor humanitaria. Y los ojos del hombre se iluminan con chispas de gozo, porque lo suyo no es una profesión sino una vocación. Su mirada no está orientada a un salario, sino a una viña.

Amo a esas personas que no codician cargos, sino que tienen carga por servir. "Finalmente, sobre las cinco de la tarde, volvió a la plaza y encontró otro grupo de desocupados".

El relato ni siquiera los define como jornaleros, los llama desocupados. El jornalero trabaja una jornada, pero ya son las cinco de la tarde y el día laborable termina a las seis. Es ridículo pensar que vaya a percibir algo; sin embargo, ya corre el hombre hacia la viña.

¡Espera! Amigo, ¿es que no vas a preguntarle cuánto te pagará? Él no habla de eso. ¡Fue escogido! Al final del día, es cierto, pero al menos repararon en él. La aceptación es su remuneración. La viña su más alto pago.

"Id también vosotros a la viña". Suena así la voz de Dios que llega a los oídos cansados de negativas y hastiados de indiferencia. Es una brillante daga que rasga el negro lienzo del abandono y abre una ventana al sol de la aceptación. Es la puerta que, cerrada con mil cerrojos, por fin se entorna.

Una hora quedaba para que concluyera la jornada y el amo apareció, así como Jesús se hizo presente a los suyos en la cuarta vigilia de la noche: la más oscura; justo la que precede al amanecer.

¿Puedes ver ahora "al desocupado" trabajando en la viña? Mueve las manos con una agilidad increíble. Cada movimiento está impulsado por la energía de la ilusión. Corta los racimos de uvas con extremo cuidado y los deposita en la cesta con la ternura de quien acomoda a un bebé entre algodones. Ni un momento levanta la vista para ver la posición del sol que anunciará el fin de la jornada. Su mirada está orientada a las vides y no al reloj. Ama lo que hace y hace lo que ama.

Milagro de gracia

Tan concentrado está en recolectar el fruto que no escucha la llamada del capataz. Varias veces tienen que reclamarlo para que deje de laborar y acuda a recibir su jornal.

Corrió a la viña para trabajar, ahora camina muy despacio para cobrar. Se sitúa prudentemente al final, ocupando el último espacio, igual que cuando fue reclutado. La fila es inmensa, cinco veces acudió el amo a la plaza, cinco importantes remesas de jornaleros esperan su pago. Al posar sus ojos en el inicio de la inacabable sucesión de jornaleros, observa que no es el amo quien se ocupará de pagarlos.

"Al anochecer, el amo de la viña ordenó a su capataz: Llama a los jornaleros y págales".

Es otra persona quien les dará la remuneración. Así como Dios suele llamarnos de manera íntima, personal y convincente, para cautivarnos con el bendito privilegio de servirle, pero luego, la mayoría de las veces utiliza cauces y personas inesperadas para resarcirnos de nuestros desvelos y horas de trabajo. Qué bueno es ver la mano de Dios en la de nuestros semejantes y Su reparador abrazo en los brazos de quienes nos arropan.

El sol claudica en el horizonte cuando el trabajador toma su lugar al final del interminable séquito de jornaleros. Pero el capataz no inicia el pago, sino que otea con la cabeza, como buscando a alguien en concreto. Cuando divisa al último jornalero lo llama. Desde el principio de la fila lo señala con la mano, pero él no se mueve, es imposible que sea a él a quien reclama.

Como no acude, el capataz comienza a aproximarse, los jornaleros miran al mayoral desplazándose hacia el final de la fila, recorre, metro a metro, el camino que lo aproxima a los últimos, a los relegados, a los que pisaron de manera tardía el campo de labranza. No puedo evitarlo, me conmueve imaginar a Jesús aproximándose a los olvidados, a los castigados por el "síndrome del desprecio". "[...] Sino que Dios ha escogido lo necio del mundo, para avergonzar a los sabios; y Dios ha escogido lo débil del mundo, para avergonzar a lo que es fuerte" (1 Corintios 1:27, LBLA). Se detiene el capataz ante el sorprendido trabajador, que siente la piel erizarse bajo el toque en su hombro y la sonrisa en el saludo.

–Ven –le dice–. Acompáñame, mereces ser remunerado.

El gesto de perplejidad en el reclamado es indescriptible, emocionante; pero el rostro de los demás se tiñe de gris sorpresa, matizada de indignación. Míralo caminando junto al capataz; avanza posiciones. Adelanta a quienes lo adelantaron. Fue el último en ser elegido, ahora es conducido hasta ocupar el lugar de preeminencia. Ni siquiera se atreve a tender la mano para recibir el jornal. No comprende nada de lo que sucede. El sol claudicante arranca destellos de la moneda que el capataz le ofrece. Lo mira con incredulidad, es un denario. Es la paga que corresponde a una jornada de trabajo completa: de sol a sol.

–Tómalo –pide el capataz–, es el pago que te corresponde.

Cuando la moneda se posa en la palma de su mano, él la mira con ojos empañados de emoción.

–Gracias –murmura el jornalero con voz trémula.

–No tienes que darlas –replica el capataz sin dejar de sonreír– es el pago por tu trabajo.

El trabajador se aleja sin poder retirar la mirada de la moneda que reverbera en la palma de su mano. De sobra sabe que ese no es el pago por su trabajo, es el abrazo de la Gracia. No es lo que le corresponde, sino lo que la misericordia del amo le otorga. No es por merecimiento, es por Gracia.

Mientras sigue caminando, ya rumbo a su hogar, llegan a sus oídos las agrias quejas de los compañeros: exigen más pago porque trabajaron más. En vez de disfrutar su jornal lo comparan. Iniciaron el día negociando un salario y lo concluyen con una fijación obsesiva por lo económico. En sus pupilas no hay tatuada una viña sino una moneda. Perdieron la pasión al abrazar una profesión. Ya no es cuestión de alma, sino de monedas. Tal vez el servicio se convirtió en oficio y por eso lo que antes era privilegio es ahora una carga.

No deberíamos permitir que la bendición se transforme en obligación, que nunca del servicio se escurra el amor porque se convertirá en una losa que nos oprima. Cuando perdemos la pasión cualquier remuneración nos parecerá escasa. Cuando comparamos lo nuestro con lo de otros nunca estaremos satisfechos, ni serenos, ni felices: la comparación envenena el ánimo. La envidia es una pócima letal que comienza matando la paz, hasta que nos fulmina.

–Solo trabajó una hora ¡y le pagaste lo mismo que a mí!

¿Qué has dicho? ¿Hablas en serio? ¿Dijiste que solo trabajó una hora? ¿Acaso no consideras el esfuerzo que supuso aguardar en la plaza sintiéndose relegado? ¿Es que no ves encomiable su perseverancia y paciencia? ¿No sabes que la espera puede ser la más dura de las actividades?

El amo no miró las manos de este jornalero; miró su corazón. Otros tenían callosidades en los dedos, él tenía rasgada el alma.

¿Qué duele más? Fuera de toda duda, el alma es la parte de nuestro ser que tiene las más sensibles terminaciones nerviosas. El amo lo sabía y suturó aquellas heridas con hilo de oro. Desde su primer encuentro en la plaza el amo se asomó al alma del trabajador y exploró el paisaje, detectó la necesidad y decidió suplirla.

¡Espera! ¡Mira!, el dueño de la viña aparece de nuevo en la escena, se gira hacia el murmurador y lo encara. "Amigo, no te trato injustamente. ¿No convinimos en que trabajarías por esa cantidad? Pues tómala y vete. Si yo quiero pagar a este que llegó a última hora lo mismo que a ti, ¿no puedo hacer con lo mío lo que quiera? ¿O es que mi generosidad va a provocar tu envidia?".

El capataz se ocupaba del pago, pero el amo de la viña no estaba lejos e intervino. Nunca está lejos el dueño de la viña, aunque no lo veamos, ni lo sintamos, ni tampoco lo escuchemos. Él está atento a nuestro desvelo, cansancio o queja. Él siempre está.

El reclutado a última hora no tuvo que defenderse, ni justificarse, para eso estaba el dueño de la viña. No era su función la reivindicación, sino mimar las vides y cuidarlas.

"Amigo, no te trato injustamente".

¡Así le dijo al murmurador! ¿Un poderoso terrateniente llamando "amigo" a un jornalero murmurador? ¿No te evoca esta respuesta la que Jesús dedicó a Judas Iscariote? "Y Jesús le dijo: Amigo, ¿a qué vienes? Entonces se acercaron y echaron mano a Jesús, y le prendieron"(Mateo 26:50).

La palabra "amigo" deriva de "amor". El dueño de la viña no escuchó la ofensa que brotó de los labios de su empleado; supo discernir que aquel ceño fruncido, esas líneas de expresión hostil, no eran otra cosa que un pentagrama conteniendo amargas melodías de un alma desnutrida. No hay muchos que puedan leer el pentagrama de las emociones y comprender que la mayoría de las palabras desconsideradas son, en realidad, un grito pidiendo ayuda.

"Amigo, no te trato injustamente". El amo no bajó el nivel de la justicia, pero elevó el nivel del amor. Lo llamó "amigo". No alimentó animosidad; sintió tristeza, eso sí, pero no por la murmuración, sino por el murmurador; porque quien no está contento con lo que tiene, no estará satisfecho ni aunque le fuera duplicado. ¡El dueño de la viña llamando "amigo" al jornalero! No puedo evitar que en mi mente resuenen las palabras de Jesús: "[...] no os llamo siervos, sino amigos". Él ama que le sirvamos, pero su mayor anhelo es ser amigo cercano, íntimo, leal e incondicional.

El siervo se orienta a la producción, el amigo a la comunión. Mientras el siervo persigue la productividad el amigo anhela la intimidad. El siervo mira la agenda; el amigo ama la cita. Permíteme que insista aún a riesgo de ser reiterativo –si un principio no merece ser repetido, tampoco merece ser declarado una vez–: el término "siervo" deriva de hacer, la palabra "amigo", de amor.

Es Su anhelo, y también el mío, ser amigo más que siervo, porque es posible servir sin amar, pero es imposible amar sin servir.

El néctar de la reflexión

Si Dios da una visión también da la provisión. Pero eso no nos exime de trabajar con constancia. Él da pan a las aves, pero no se los lleva al nido.

Una brillante daga rasga el negro lienzo del abandono y abre una ventana al sol de la aceptación. Es la puerta que, cerrada con mil cerrojos, por fin se entorna: "Id también vosotros a la viña". Suena así la voz de Dios que llega a los oídos cansados de negativas e indiferencia.

Bendecido con ser elegido. No precisa nada más. No mencionan pago, ni salario. No se habla de remuneración. La breve conversación no suena a entrevista mercantil sino a sagrada vocación. Y los ojos del hombre se iluminan con chispas de gozo, porque lo suyo no es una profesión sino una misión. Su mirada no está orientada a un salario, sino a una viña. Amo a esas personas que no codician cargos, sino que tienen carga por servir.

"**L**lama a los jornaleros y págales. Ordenó el amo de la viña a su capataz". No es el amo, sino otra persona quien les da la remuneración. Así como Dios suele llamarnos de manera íntima y personal, para honrarnos con el privilegio de servirle, pero luego, la mayoría de las veces utiliza cauces y personas inesperadas para resarcir nuestros desvelos y horas de trabajo. Qué bueno es ver la mano de Dios en la de nuestros semejantes y Su reparador abrazo en los brazos de quienes nos arropan.

Invitado a pasar adelante. Míralo caminando junto al mayoral; avanza posiciones. Adelanta a quienes lo adelantaron. Fue el último en ser elegido, ahora es conducido hasta ocupar el primer sitio. No es mi misión reivindicar mi puesto, sino ser fiel en lo que se me ha encomendado. Las reivindicaciones es mejor dejárselas a Dios.

Mientras el trabajador regresa a su hogar, no puede retirar la mirada de la moneda que reverbera en la palma de su mano. No es el pago por su trabajo, es el abrazo de la Gracia. No es merecimiento, es amor en estado puro.

En cambio, quienes iniciaron el día negociando un salario, lo concluyen exigiendo más. Una fijación obsesiva por lo económico. En sus pupilas no hay tatuada una viña sino una moneda. Perdieron la pasión al abrazar una profesión. Ya no es cuestión de alma, sino de dinero. Tal vez el servicio se convirtió en oficio y lo que antes era privilegio ahora es una carga.

EL ENFERMO AGRADECIDO

Yendo Jesús a Jerusalén, pasaba entre Samaria y Galilea.
Y al entrar en una aldea, le salieron al encuentro diez hombres leprosos, los cuales se pararon de lejos y alzaron la voz, diciendo: "¡Jesús, Maestro, ten misericordia de nosotros!".
Cuando él los vio, les dijo: "Id, mostraos a los sacerdotes".
Y aconteció que mientras iban, fueron limpiados.
Entonces uno de ellos, viendo que había sido sanado, volvió, glorificando a Dios a gran voz, y se postró rostro en tierra a sus pies, dándole gracias; y éste era samaritano.
Respondiendo Jesús, dijo: "¿No son diez los que fueron limpiados? Y los nueve, ¿dónde están? ¿No hubo quien volviese y diese gloria a Dios sino este extranjero?". Y le dijo: "Levántate, vete; tu fe te ha salvado".
LUCAS 17:11–19

Preludio

Ya todos se habían ido a dormir, o eso pensaba yo. Apagué las luces del jardín para ver sin dificultad la noche. Era luna nueva y las estrellas aprovechaban la cerrada oscuridad para exhibirse. Me sorprendió que, aún siendo otoño, llegara a rachas el olor de la dama de noche y los jazmines. Bajo la escasa luz de la luna nueva, miré largo tiempo los cielos. "¡Infinitos!", me dije. Los millones de puntos parpadeantes blanqueaban las laderas del cielo oscuro.

Bajé los ojos para que descansaran; primero tropezaron con la encendida majestad de una rosa; luego, con la atenta mirada de Oliver, mi nieto, a quien yo hacía durmiendo. Se agarró a mi pierna e interrogó:

–¿Por qué mirabas arriba, abu? –su curiosidad es insaciable, adivino en él a un niño inteligente.

–Observaba las estrellas –le dije–. Me encanta ver cómo brillan.

Alzó entonces sus ojos, acostumbrados a mirar hacia abajo, a los juguetes.

–¡Abu! –su exclamación resonó potente en el silencio de la noche–– ¡Qué cielo tan bonito! ¡Nunca había visto un cielo con tantas luces encendidas!

Lo tomé en mis brazos y los dos enterramos la mirada en aquel lienzo oscuro repleto de brillantes parpadeos.

–Nunca antes lo habías visto –le expliqué– porque nunca antes miraste el cielo en una noche tan oscura. Los cielos más bonitos siempre se muestran en los lugares más oscuros.

Me dedicó una breve mirada en la que pude leer: "No entendí nada" y, enseguida, se zambulló de nuevo en la sublimidad del cielo nocturno.

Nos sumergimos en la escena

Algo así debió sucederle al hombre de quien habla el texto bíblico. Acostumbrado a que su vida fuera una noche estremecedoramente oscura, estoy seguro de que al encontrarse con Jesús también exclamó: "Nunca antes había visto un cielo con tantas luces encendidas".

Acompáñame, por favor, a un viaje corto. Prometo no agobiarte con un interminable periplo y sospecho que la aventura será apasionante: de un lado estaba Galilea, del otro Samaria, y en el centro, en esa tierra de nadie, caminaban ellos: un grupo de proscritos y expatriados.

¿La causa? epra. No eran culpables, sino víctimas. No eran verdugos, sino inocentes, injustamente ajusticiados. Caminaban por los montes y los valles. Eran los "sin techo"; sin hogar. En invierno dormían en cuevas y en verano a la intemperie, en cualquier descampado, o encaramados en un árbol para protegerse de las fieras. ¿Puedes oír, como yo oigo, el intimidante rugido de las fieras? Sus familiares hicieron luto por ellos y cambiaron de página a otra en la que sus nombres ya no figuraban. Así lo establecía la ley: "[...] la lepra es otro nombre de la muerte. Leproso y fallecido es lo mismo". Pero no era así para ellos, que seguían viviendo, pensando, recordando, y sufriendo en el olvido. En su ser más íntimo, cada uno de los integrantes de aquella decena, se sentían muertos en vida.

Permíteme que ajuste el foco para centrarme en uno de los diez: "Entonces uno de ellos, viendo que había sido sanado, volvió, glorificando a Dios y éste era samaritano". La forma de la narración nos hace inferir que solo él era samaritano; el resto, con toda probabilidad, eran judíos. Pero judíos y samaritanos eran rivales irreconciliables. No se hablaban entre sí. ¿Por qué, entonces, estos diez viajaban juntos? Sencillo: porque antes que judíos o samaritanos eran infectados, y aquella peste los privaba de toda otra identidad, dejando solo una etiqueta: leproso.

¿Te has dado cuenta de que la desgracia tumba barreras nacionales, generacionales y denominacionales? La desventura es un mazo que derriba todo tipo de muros. ¡Sí! El dolor es un generador de empatía. La desdicha elimina murallas y construye puentes.

Reír juntos une, pero llorar juntos funde. Las lágrimas son adhesivo de almas. Alguien dijo que una cruz compartida pesa la mitad. En aquellos nueve acompañantes este samaritano tenía un tesoro. Al leer con detenimiento la historia comprendo que el solitario samaritano dejó de serlo cuando abandonó Samaria. Halló compañeros al salir de su zona de confort.

En su tierra, desde que se detectó su enfermedad, lo despreciaron y aislaron, por eso mil veces consideró la posibilidad de salir. "No permanezcas en un lugar donde no te permitan florecer, aunque te guste". Esa frase resonaba cada día en su mente, mientras vagaba por los campos de las afueras de Samaria. Pero cada vez que se aproximaba a la frontera con la intención de abandonar su tierra, temblaba. Le habían dicho que allá afuera, extramuros, los samaritanos eran gente odiada; desde niño le inculcaron esa idea, tanto en el hogar como en la escuela.

"Allí afuera nos detestan y maldicen". Repetía el maestro de la escuela señalando a la muralla que circundaba la ciudad. "¡Pero Dios no os detesta, Dios os ama y por eso lo adoramos aquí! ¡Solo aquí hay que vivir! ¡Solo allí hay que adorar!", casi lo gritaba apuntando con su dedo índice a los montes gemelos de Ebal y Gerizim. Y los niños registraban eso en el disco duro de su mente, y hacían piña entre ellos, imaginando a los monstruos e indeseables que vivían fuera de la ciudad.

Ni quiere ni puede olvidar ese día en que, harto del desprecio de los propios a causa de su lepra, y casi con terror, reunió todo el coraje y la rabia que durante años fue acumulando y decidió abandonar Samaria. A menudo no cambiamos por convencimiento, sino por sufrimiento, por hartazgo, por compulsión. Eso le ocurrió: el desprecio de los propios le hizo buscar a los ajenos. Apenas su sandalia de cuero hubo pisado tierra extraña cerró los ojos esperando que el suelo se abriera para tragarlo o que el cielo se desplomara sobre su cabeza, para aplastarlo. Aguardó casi un minuto, con los ojos cerrados por el terror, pero ni se abrió el abismo, ni llovió fuego, ni el cielo se desplomó sobre su cabeza. Habían maximizado Samaria. Habían minimizado al mundo. Desarrollaron una mezquina visión local y desecharon la rica y amplia visión global. Poco después de cruzar la temida frontera encontró a un grupo de compañeros y pudo comprobar que las grandes cosas están justo detrás de las grandes decisiones.

El no quiso dejar su ciudad, pero lo obligaron. Se separó de su ciudad con el dolor que se separa la uña de la carne, pero ese dolor resultó terapéutico. Cuando le cortaron la rama en la que se apoyaba descubrió que podía volar. Todo le fue devuelto en la oscura noche de su alma, cuando decidió salir del límite de su tierra para acercarse a la odiada Galilea. Se aproximó a sus rivales y cada paso que dio hacia ellos lo acercó a la vida. En el camino de la reconciliación encontró liberación.

Permíteme arriesgar una opinión de carácter personal: pienso que de haber permanecido en su reducto de rencor y separatismo, habría muerto leproso, pero cometió la locura de aproximarse a su rival, y en ese loco camino encontró, primero compañía y comprensión, y luego mucho más: halló a Aquel que habita el sendero de la pacificación y se mueve entre las dunas de la paz.

"A veces hay que perder para ganar", debió pensar al dejar la efímera y mediocre seguridad de Samaria. "A veces hay que decir adiós a un buen pasado para abrazar un mejor futuro". Así es: a menudo hay que abandonar la zona de confort para encontrar el cielo de la libertad.

Entonces, sacrificando seguridad, encontró equipo y complicidad; conoció a personas que comprendían sus lágrimas, porque ellos mismos las habían derramado. Seres capaces de enjugar los ojos de un samaritano, pues se habían hecho expertos a fuerza de enjugar los propios.

Y lo más grande estaba a punto de ocurrir: Jesús se hizo presente en el centro del escenario.

¡Encuentro con lo sublime!

"Yendo Jesús a Jerusalén, pasaba entre Samaria y Galilea". No puedo evitar conmoverme cuando leo esta frase. Los habitantes de Galilea odiaban a los samaritanos. Los habitantes de Samaria odiaban a los galileos.

Jesús pasaba entre Samaria y Galilea a la misma distancia de ambos. Al alcance de los dos, porque no hay persona a la que Él no ame, ni división o marginación que Él no aborrezca. Su presencia es puente para corazones separados y paz que aproxima pensamientos irreconciliables."[...] le salieron al encuentro diez hombres leprosos, los cuales se pararon de lejos y alzaron la voz, diciendo: '¡Jesús, Maestro, ten misericordia de nosotros!'". Este grupo de infortunados era riguroso en el cumplimiento de las ordenanzas; se pararon de lejos, pues así lo obligaba la ley. "Prohibido acercarse. Se pedirá caridad y limosna desde lejos, haciendo sonar una campana y gritando su condición de impuro".

Pero la distancia no fue problema para Jesús. No se pueden poner puertas al mar, ni obstáculos al genuino amor. Jesús detuvo su caminar y respondió. Su voz, potente, surcó el espacio y llegó hasta ellos. ¿Te ha ocurrido alguna vez que lo ves desde muy lejos? ¿Te ha pasado que, en ocasiones, pareciera que Él está a mucha distancia? Bienvenido al club, eres de los míos. Si pudieras hojear mi vieja Biblia, verías que en los márgenes de algunas páginas hay frases escritas; son oraciones que en algún momento levanté a Dios.

Ahora, en este mismo momento, y mientras escribo, tengo junto a mí esa amada Biblia que me ha acompañado durante décadas y que ha vivido junto a mí hermosas primaveras y también crudísimos inviernos. Está abierta en un lugar donde hace tiempo escribí: "¡Señor, cómo quisiera verte más de cerca! ¿Cuándo volveré a oír tu voz como antes la escuchaba?". Junto a esa súplica hay una fecha, y marcando toda la página se adivina la rugosidad que provocó la lluvia de lágrimas que vertí aquel día.

A veces miramos a Jesús de lejos, pero si somos capaces de creerle aun cuando no le toquemos, ni lo sintamos, ni le escuchemos, veremos el milagro. Su voz surca la distancia y nos arropa en un manto de paz. "Cuando él los vio, les dijo: 'Id, mostraos a los sacerdotes'".

Intenta visualizar la escena: a lo lejos y cubiertos en andrajosos harapos están los pedigüeños leprosos. Su situación no es complicada, sino dramática; no están heridos, sino destruidos. Jesús es su única esperanza y aguardan, expectantes, el milagro. Pero no es un milagro lo que llega, sino una orden.

Jesús no pronuncia una bendición, sino una instrucción, y es una instrucción absurda: "¡Presentaos a los sacerdotes!"

¿Presentaos a los sacerdotes? Creo que aquel samaritano fue quien alentó la expedición llamada "en busca de Jesús". Ahora sus nueve compañeros de desdicha lo enfocan con un reproche feroz en la mirada. ¿Pero qué broma es esta? ¿Id al sacerdote? ¿Al mismo que nos declaró inmundos y nos hizo salir de nuestra aldea? ¿Acercarnos al que nos sacó del hogar y nos condenó a la soledad de los caminos? ¿Volver al ofensor? ¿Regresar ante aquel que nos arruinó la vida?

El samaritano agachó la vista, compungido, desorientado y, sobre todo, decepcionado. La ley exigía que el leproso, cuando hubiera sanado, se presentase ante el sacerdote. "Escucha, Jesús, quien debe ir al sacerdote es el leproso sanado, ¿entiendes? ¡El ex leproso!". Aunque lo cierto es que nadie conocía sobre algún caso así, pues lepra era igual a muerte. Aquellos desdichados se miraron las manos, los brazos, las piernas; ¿presentarse al sacerdote con una llaga purulenta que los deformaba y emblanquecía su piel bajo un espantoso eczema?

Según la ley el mandato iba después de la bendición: "¿Sanaste? ¡Entonces ve ante el sacerdote!". Primero la sanidad y luego la obediencia. Pero Jesús altera el orden y coloca primero la premisa y a continuación la promesa: obediencia antes de la sanidad. Instrucción antes de la bendición.

Si Jesús hubiera rematado la orden con un "y seréis sanados", todo habría sido más sencillo, pero el Señor no garantizó nada. Hay silencios de Dios que duelen. Nada es tan radical y difícil como el silencio de Dios y, sin embargo, ese silencio es el útero donde se gestan palabras de vida. ¿Has observado que durante un examen el profesor siempre guarda silencio? Pero el alumno que sigue adelante con su prueba logrará ser promocionado.

No dijo lo que haría Él, solo indicó lo que debían hacer ellos. Jesús desafiando la fe de aquel que ora. Tal vez el samaritano sabía que toda promesa va precedida de una premisa, que detrás de cada premisa yace una promesa. Es probable que lo supiera porque motivó al grupo a encaminarse hacia el sacerdote: "He oído –les dijo– que la obediencia conlleva bendición y provisión. No tenemos nada que perder, pero sí mucho que ganar. Y aconteció que mientras iban, fueron limpiados".

El samaritano iba delante, y varios metros atrás un grupo de gruñones, malhumorados y murmurantes. De pronto sintió algo en las plantas de los pies, era como un cosquilleo. Se detuvo, y los nueve rezongones, tan embebidos iban en sus quejas que no lo vieron y lo arrollaron, tirándolo al suelo.

–¡Siento un hormigueo en mis pies! –gritó el samaritano–. ¡Y ahora un escalofrío que sube por mis piernas!

Se incorporó y percibió, bajo la gastada sandalia que llevaba acordonada a la pierna con cintas de cuero, la rugosidad del camino. Poco antes, caminar era como pisar sobre un pedazo de madera, pero ahora notaba sensibilidad en la planta del pie. Con una mano se tocó la otra, se pellizcó y sintió la leve punzada; acarició sus extremidades inferiores. Hacía años que no tenía sensaciones. Sus terminaciones nerviosas, todas ellas, estaban destruidas, pero ahora percibía su propia caricia. Podía sentir el tacto de sus dedos, y de la palma de su mano, ¡su mano! La observó con los ojos fuera de las órbitas: la costra blanquecina que la cubría se había desprendido, y bajo la epidermis muerta apareció una piel rosada, impecable y tersa.

Los gruñones habían dejado de serlo, y observaban boquiabiertos la metamorfosis que tenía lugar en su amigo. Tan absortos estaban en el milagro ajeno que no repararon en el propio. El samaritano los señaló. Su dedo índice apuntó a los rostros, las manos, las piernas de sus compañeros. También en ellos estaba teniendo lugar la sanidad. Todos, sin excepción, rompieron a llorar y también a reír. Una auténtica sinfonía de llantos y risas, y en la superficie de esas lágrimas uno podía ver cómo se mecía la imagen de esposa, hijos e hijas a los que de nuevo podrían abrazar. Atrás había quedado el luto; volvieron a figurar sus nombres en las páginas "de la extrañada vida familiar" o "del añorado libro llamado familia". "Entonces UNO de ellos, viendo que había sido sanado, volvió, glorificando a Dios a gran voz, y se postró rostro en tierra a sus pies, dándole gracias".

Estoy seguro de que no fue un desplante, ni un desprecio; fue emoción en estado puro. No creo que fuera indiferencia hacia Jesús. Los nueve que no regresaron no eran malos, solo eran humanos. Todos corrieron en distintas direcciones sin apenas decirse adiós. Volaron en dirección a su región, a su aldea, a su hogar. El samaritano se quedó solo. Espera, déjame que le pregunte:

—¿Qué te ocurre samaritano? ¿No tienes familia? ¿No tienes a dónde ir?

–¡Claro que sí! ¡Tengo una hermosa familia!

–Pero, ¿no deseas verles?

–No hay nada en el mundo que anhele más que eso! ¡Ardo en deseos de reunirme con ellos!

–¿Entonces? ¿Qué haces que no vas?

–Quiero verlos, pero antes necesito verle a Él. Necesito ver de nuevo esa mirada en la que, a pesar de la distancia, pude leer un cercano "te amo". Hay algo en ese hombre que necesito en mi vida.

–¿No era sanidad lo que querías?

–¡Sí, pero hay algo más en Él! Algo que supera la sanidad del cuerpo. Jesús tiene algo más profundo, más intenso, de mayor calibre. ¡Sé que lo necesito!

Corrió hacia Jesús, llegó ante Él y se postró a sus pies. Ya sin distancia, sin gritos. Solo un susurro. Se acabó el alejamiento: estaba junto a Jesús. Me conmueve de este hombre que la fatalidad le había robado la salud, la compañía, la sonrisa. Le robó casi todo, pero no pudo quitarle la gratitud. Yo creo que cuando caminaban en grupo él era quien marcaba los principios, el que encendía luces en la noche del alma. "Y [Jesús] le dijo: 'Levántate, vete; tu fe te ha salvado'".

¡Salvado! ¡Ahora sí! No solo sintió tersura en su piel, sino paz en el corazón. No solo sanado, también salvado. Ya no era hormigueo en la epidermis, sino serenidad y dulzura tan densas que saboreó miel en el paladar del alma. Ahora llevaría a su hogar mucho más que un cuerpo restaurado. Llevaría un alma redimida. Porque quien se aproxima a Jesús con gratitud y adoración, tras haberle obedecido, nunca saldrá vacío.

Jesús tomó la mano de aquel hombre, reteniéndola un rato, y arropándola con la otra. "Tu fe te ha salvado–", le dijo. "¿Mi fe? ¡Pero si la lepra me volvió un descreído!". Pero la lepra no logró apagar esa brasa de fe que en cuanto percibió el soplo de Su presencia volvió a inflamarse. Mantengo mis ojos sobre la Biblia abierta y recorro cada una de las líneas de esta asombrosa historia de amor y gratitud. Por las ventanas entran, a oleadas, los mezclados olores del jardín. Imagino a aquel samaritano con sus ojos fijos en los de Jesús. Creo que el samaritano reflexionó: "¡Este hombre es judío! ¿Por qué no me mira con odio?".

Intentó encontrar en aquellas pupilas hebreas el desprecio y el desdén del que siempre le hablaron. Buceó en la mirada de Jesús, y solo halló amor en estado puro. Una mirada tan impregnada de afecto puede pasar desapercibida para quien está acostumbrado a recibirla, pero para quien está habituado a la negrura del odio, una mirada como esa lo deslumbra hasta cegarlo. Las lágrimas fluyen, desbordando el límite de los párpados de aquel hombre. También de los míos, que poso mi mano sobre la Biblia, mientras una vez más asimilo que Dios pone las mejores conclusiones a las peores historias.

El néctar de la reflexión

Solo quien decide "alejarse de" puede "acercarse a". "No permanezcas en un lugar donde no puedes florecer, aunque te guste".

Una decisión difícil puede conllevar bendiciones incalculables. Solo cuando le cortaron la rama en la que se apoyaba, descubrió que podía volar.

Buscando la reconciliación encontró liberación. Cometió la locura de aproximarse a su rival, y en ese loco camino encontró, primero compañía y comprensión, y luego a Aquel que habita el sendero de la pacificación y se mueve entre las dunas de la paz.

Los habitantes de Galilea odiaban a los samaritanos. Los habitantes de Samaria odiaban a los galileos. Jesús pasaba entre Samaria y Galilea a la misma distancia de ambos: "Yendo Jesús a Jerusalén, pasaba entre Samaria y Galilea".

Estaba al alcance de los dos, porque no hay persona a la que Él no ame ni división o marginación que Él no aborrezca. Su presencia es puente para corazones separados y paz que aproxima pensamientos irreconciliables.

Iniciaron el camino para ver al sacerdote y fueron sanados. Solo habían visto a Jesús de lejos, pero le obedecieron. Si somos capaces de creerle aun cuando no le toquemos, ni lo sintamos, ni le escuchemos, veremos el milagro.

Mientras calla, Él no nos ignora. Hay silencios de Dios que duelen, pero son el útero donde se gestan palabras de vida.

Ex leproso, pero mucho más que eso: ahora llevaría a su hogar algo más importante que un cuerpo restaurado. Llevaría un alma redimida. Porque quien se aproxima a Jesús tras haberlo obedecido y con actitud de adoración, nunca saldrá vacío.

EL ESTANQUE SANADOR

Después de estas cosas había una fiesta de los judíos, y subió Jesús a Jerusalén. Y hay en Jerusalén, cerca de la puerta de las ovejas, un estanque, llamado en hebreo Betesda, el cual tiene cinco pórticos. En éstos yacía una multitud de enfermos, ciegos, cojos y paralíticos, que esperaban el movimiento del agua. Porque un ángel descendía de tiempo en tiempo al estanque, y agitaba el agua; y el que primero descendía al estanque después del movimiento del agua, quedaba sano de cualquier enfermedad que tuviese. Y había allí un hombre que hacía treinta y ocho años que estaba enfermo. Cuando Jesús lo vio acostado, y supo que llevaba ya mucho tiempo así, le dijo:

–¿Quieres ser sano?

–Señor –le respondió el enfermo–, no tengo quien me meta en el estanque cuando se agita el agua; y entre tanto que yo voy, otro desciende antes que yo.

Jesús le dijo:

–Levántate, toma tu lecho, y anda. Y al instante aquel hombre fue sanado, y tomó su lecho, y anduvo. Y era día de reposo aquel día.[1]

Juan 5:1–9

---

[1] Juan nos detalla la creencia popular que había surgido en relación con el estanque de Betesda y que sirve para explicar la razón de que hubiera tantos enfermos reunidos a su alrededor: "Porque un ángel descendía de tiempo en tiempo al estanque, y agitaba el agua; y el que primero descendía al estanque después del movimiento del agua, quedaba sano de cualquier enfermedad que tuviese".

No hay razones para pensar que esta creencia fuera cierta; nada en el texto indica que el evangelista la apoye. Juan incluye esta explicación para dar sentido al pasaje, porque esto era lo que creía el paralítico al que sanó Jesús y otros muchos que estaban allí en una situación parecida.

En cualquier caso, esta creencia no tiene nada que ver con el carácter de Dios. Si lo pensamos bien, el "ángel que descendía de tiempo en tiempo al estanque" era bastante cruel, porque aunque venía a sanarlos, los hacía esperar indefinidamente para, llegado el momento, obligarlos a luchar con todas sus dificultades para llegar al estanque antes que los otros. Por supuesto, no encontramos nada parecido en la forma en la que el Señor sanó a los enfermos que le fueron presentados.

Soy consciente de que el movimiento del agua que, de tiempo en tiempo se daba, tiene una explicación mucho más lógica que metafísica. Algunos hablan de corrientes subterráneas y otros afirman que el estanque constaba de dos depósitos y el remolino del agua era producido cuando el sacerdote abría las compuertas: en

Preludio

Pareciera lógico –y seguramente lo es– que al referirme a este pasaje indagase en las entrañas de aquel hombre que desde hacía treinta y ocho años carecía de la posibilidad de caminar. Estoy convencido de que al diseccionar su alma encontraría un yacimiento de sensaciones y un mundo repleto de preguntas de muy difícil respuesta; pero lo que en esta ocasión me cautivó fue el estanque, y no me refiero a la cavidad en sí, sino al agua que contenía.

Probablemente mi fascinación se incrementó cuando, visitando la ciudad de Jerusalén, pude sentarme en el elevado mirador que se asoma a la excavación arqueológica donde se exhiben los restos del viejo embalse. Desde aquel observatorio me pareció visualizar la escena que diariamente se repetía allí.

¿Qué te parece si nos aproximamos? Una visita a ese lugar no puede dejarnos indiferentes. Pero antes, te ruego que me permitas mostrarte un aspecto bastante íntimo de mi persona. Mi muy admirado y, lamentablemente finado, pastor, poeta y escritor de origen cubano, Rodolfo Loyola, escribió: "[...] el llamado de Dios es como una espina hincada en el corazón: si te la arrancas, te mueres; si la dejas clavada, estarás toda la vida pendiente de ella". Tales palabras pueden hacer creer que Loyola sintiera pesada resignación y algo de frustración ministerial, pero era gozo lo que había en él cuando redactó la frase. No lo entendí bien a la primera, y confieso que tampoco a la segunda. Solo cuando respondí a ese

---

ese momento el agua del tanque superior fluía a la parte baja, provocando el movimiento.

En todo caso, te invito a sumergirte en la historia que sigue como quien se adentra en una parábola, donde lo ficticio se mezcla con lo real. El relato que ahora vas a descubrir no pretende nada más –pero tampoco nada menos– que ser una alegoría que aliente, inspire y fortalezca la fe.

sagrado llamado alcancé a entender lo que el pastor y poeta cubano quiso transmitir.

Mi vocación pastoral llegó siendo aún adolescente. Todo comenzó con una atracción que, gradualmente, alcanzó el calibre de obsesión. Finalmente, no cupo ninguna duda: Dios me estaba llamando al ministerio pastoral. Había dos vertientes prioritarias hacia las que mi corazón se inclinaba; intervenir de manera terapéutica en el dolor ajeno, y enseñar la Palabra. Mi temperamento, rabiosamente introvertido, me ayudaba a lo primero, pues mi timidez para hablar me convertía en un extraordinario escucha, y puedes estar seguro de que las personas que sufren precisan de oídos atentos mucho más que de lenguas parlanchinas. El problema llegaba en lo de enseñar Biblia; decir que yo era retraído suponía ser demasiado optimista. Lo que a mí me ocurría se denomina "incapacidad de articular palabras en público". En determinados círculos me llamaban "el muchacho mudo". No porque careciese de la facultad del habla, pero sí del valor para utilizarla.

Sin embargo, mi corazón se desbocaba cuando escuchaba a personas comunicando a Jesús con acierto y efectividad. No era envidia, sino pura fascinación y una irresistible necesidad de vaciar ante el auditorio la copa que Dios llenaba en mis tiempos de estudio y oración.

La cosa se agravó aquella noche de martes en la que, terminado el culto, estaba sentado en un banco de la iglesia y una ancianita de cabello blanco y alma más blanca todavía, se acercó a mí, me sonrió, y luego profirió las siguientes palabras: "Levántate y actúa, porque Dios te llama a que prediques Su Palabra". Escrito así, sin resaltar los matices de la voz, puede perder intensidad, pero te aseguro que aquella frase, envuelta en una sonrisa que me recordó al amanecer de un día de verano, llegó como caricia sosegante.

Pero había un problema, solo uno, aunque de gran calado: lo incoherente del mensaje. ¿Yo, "el muchacho mudo", predicando el Evangelio? ¿A mí, que se me hacía difícil hablar con una persona, se me encargaba comunicar la palabra de Dios ante un grupo? Solo imaginaba dos opciones: error o broma de mal gusto.

No creo que el incidente hubiera tenido mayor trascendencia si hubiese venido de otra persona, pero el mensaje veía incrementada su fiabilidad por la calidad del mensajero; quien me lo transmitió era una anciana octogenaria que desprendía aroma de cielo. Una mujer tan auténtica que se había ganado el respeto de todos los jóvenes de la congregación, porque percibíamos en ella a alguien genuinamente espiritual. Jamás nos dijo que orase, pero emanaba presencia de Dios por cada poro de su piel; cuando la veíamos llegar a la iglesia, era como si Dios entrase de su mano. Su mano derecha aferrada a un bastón con el que se ayudaba a caminar, y en la izquierda siempre su Biblia. No la portaba, sino que la abrazaba con indescriptible cariño.

También le profesábamos cierto temor, porque sabiéndola tan cerca de Dios, temíamos que Él pudiera revelarle nuestros pecados. Así que cuando ella se aproximaba, los jóvenes nos hacíamos prudentemente a un lado. Pero aquel día yo no la vi llegar y me encargó nada menos que la misión de predicar el Evangelio.

A punto de cumplir los trece años, y contra todo pronóstico, prediqué mi primer sermón. Lo hice rematadamente mal, pero lo hice. Llevé cinco bosquejos por si me sobraba tiempo; en diez minutos prediqué los cinco. Quise exponer tantas verdades que no clarifiqué ninguna; disparé en tantas direcciones que no le di a nadie, pero ese momento marcó el inicio. A esa primera vez siguieron otras muchas y ahora, cuarenta y tres años después, sigo aprendiendo cada vez que predico, y puedo certificar que aquel pellizco de responsabilidad que sentía en el estómago, permanece conmigo. Aún se me dificulta dormir la noche antes de transmitir la Palabra. Ese desasosiego; sin embargo, no logra sino lanzarme de la cama a las rodillas, desde donde imploro el auxilio divino para que el agua de verbos y adjetivos que impartiré a las personas pueda traer sanidad.

He descubierto, en definitiva, que el llamado a ser emisario del cielo es como una espina de la que siempre estaré pendiente, pero si me la arranco, con certeza moriría. Supongo que algo así intentaba transmitir el apóstol Pablo cuando confesó a la Iglesia establecida en la ciudad de Corinto: "Me es impuesta necesidad, y ¡ay de mí si no predico el Evangelio!"(1 Corintios 9:16).

Ahora bien, la labor pastoral no se limita a agitar con vehemencia el brazo en el púlpito, también incluye lograr que ese brazo arrope el hombro que se siente desvalido. No es proclamar verdades desde la distancia, sino susurrar palabras de afirmación y consuelo junto al oído de quien sufre.

Acercándose al estanque

De eso podría hablarnos sabiamente aquel estanque, llamado Betesda, que se encuentra ubicado en la zona norte de Jerusalén. Permíteme que, ahora sí, te guíe hasta él. Entraremos a la ciudad por la Puerta de las Ovejas; debo advertirte que al aproximarnos percibirás un fuerte olor y un recalcitrante sonido llenando el aire y comprenderás la razón de que hayan puesto tal nombre a una de las ocho puertas de acceso a la ciudad de Jerusalén.

¿Ya lo percibiste? Efectivamente, es un aroma pesado, casi fétido, que asciende envuelto en un concierto de balidos. No en vano estamos en el mayor mercado de ganado ovino de toda la región. Aquí surten de corderos a toda la población para que efectúe el sacrificio. Puedes estar seguro de que las ovejas que aquí venden gozan de salud y de impecable calidad, pues para el sacrificio ritual no se admiten cabezas de ganado con defecto. Pero ni la casta ni el pedigrí las libran del incómodo y hediondo aroma.

Ya estamos cerca de la plaza donde se ubica el estanque de Betesda. Bajo estos frondosos árboles estaremos protegidos del ardiente sol. Los enfermos que verás en los porches forman dos grupos: los que vienen a probar suerte como parte de su búsqueda en su recorrido de sanación y aquellos que ya perdieron toda esperanza en cualquier otro remedio y ven en estas aguas su alternativa.

Si leíste el relato que Juan hace de este milagro: "Yacía una multitud de enfermos que esperaba el movimiento del agua", ya estarás preparado para contemplar la cruenta escena. Al desperdigar la vista por los cinco pórticos, vemos a cientos de sufrientes de todo género y condición. Un compendio de la miseria humana; todo un catálogo de enfermedades posibles y algunas imposibles está regado por la plaza. La desdicha no entiende de edad, es por eso que, dispersados por el suelo, puedes ver a niños que se mezclan con abuelos y lágrimas infantiles conjugándose con el llanto de los ancianos.

Betesda significa "casa de misericordia", y lo que este lugar provoca es un torrente de compasión. Pero, ¿sabes?, no fue siempre así. Hubo un tiempo en que esta plaza era un lugar apacible, tan solo alterado por el constante balido que llegaba desde el mercado bovino. Cuando a finales de mayo la primavera rescataba al lugar de las frecuentes lluvias, esta plaza se llenaba de personas. Familias enteras venían a pasear junto al estanque y los niños jugaban por la plaza. También entre los pórticos el amor era como un vals, pues el rumor del agua, mezclado con el trino de las aves, atraía a parejas que bajo los soportales se rozaban las manos; surgían las confidencias en voz muy baja y también las risas, tímidas al principio y luego a carcajadas. El roce de manos se convertía pronto en dedos entrelazados, anticipo de labios que se unían. Era un lugar de sosiego, romance y poesía.

Incluso a mediados de septiembre, cuando con precipitación exigía el otoño sus derechos, se nublaban los cielos y descargaba el relámpago su ira, aun así, el estanque embellecía, la plaza y el gorjeo del agua se mezclaba con las rimas del melancólico poeta que se guarecía en los soportales para componer sus rimas, siempre en tono menor, pero que acariciaban las almas.

Eso era antes, antes de que Dios escogiera a este estanque –porque el Señor determinó que esas aguas se convirtieran en salutíferas y en fuente de bendición–. Luego, el cielo selló con Su Gracia la piscina de Betesda y comenzaron a llegar aquí los parias, los heridos y desconsolados. Porque no son los saludables los necesitados de médico, sino los enfermos. Y a medida que llegaban los lastimados, los sanos se retiraban. Los felices rientes se exiliaban del lugar e iban llegando más y más expertos en llanto.

Hace ya mucho tiempo que bajo estos soportales dejaron de besarse los enamorados, de beber sus refrescos, de tomarse las manos y acariciarse. Ahora los llantos trepan hacia las montañas bajo un cielo profunda y uniformemente azul. ¡Qué cierto es que para llegar a la soledad no hay atajos más directos que el dolor! Mira a esos enfermos, cada uno de ellos se encuentra rodeado por una multitud, pero indeciblemente solo.

No fue así en el inicio de su enfermedad, porque al principio el dolor atrae una oferta mayor de compañía y solidaridad a nuestro alrededor: más atención, más amabilidad de familiares y amigos, más comprensión. Pero cuando el pesar se prolonga, acaba por desanimar y aburrir a los acompañantes que a fuerza de atender al enfermo terminan por insensibilizare contra el dolor, y el sufriente acaba por quedarse a solas con su aflicción. Eso le ocurrió a la inmensa mayoría de cuantos rodean la piscina. Son como muebles que ocupan demasiado espacio en casa, y cuyas familias los dejan aquí por la mañana para volver a buscarlos al concluir el día. Solos con su dolor. Como mucho tiempo después diría Frida Kahlo: "Amurallar el propio sufrimiento es arriesgarte a que te devore desde el interior".

No es roce de manos lo que ahora se ve junto al embalse, sino chocar de hombros en la competencia por llegar primero al agua; no hay ternura sino violencia; el dolor puede sacar lo mejor de nosotros, pero también lo peor. Pero lo que a mí me inquieta es el agua.

¿Te has dado cuenta de que cuantos se sumergen en ella dejan allí su enfermedad? No son niños jugando los que se zambullen, ni son risas y bromas lo que allí dentro se da. Todo el que se acerca al estanque es un sufriente. Cuantos se empapan en el agua llevan heridas en el cuerpo y desgarrones en el alma. Treinta y nueve años ejerciendo de pastor no me autorizan a demasiadas cosas, pero sí me permiten afirmar algunas: el constante trato con el dolor ajeno produce dolor propio. Servir siempre de paño de lágrimas nos ahoga en llanto, y prestar nuestro hombro para que todos lloren puede terminar rompiendo nuestra espalda.

Todo aquel que está implicado en ayudar al prójimo debe cuidarse a la vez que administra cuidados, alimentarse mientras reparte alimento y debería aprender a vaciarse de la carga de miseria que cada día recibe. De manera particular quienes lo hacen con pasión o lo han convertido en profesión. Mucho más que hablar nos toca oír, y aunque la oración y reflexión son –o deberían ser– parte esencial en nuestra agenda, es mucho el tiempo que pasamos acompañando al que sufre y enjugando lágrimas ajenas como si fueran propias. O nos vaciamos o nos intoxicamos, no hay otra. Por eso me inquieta esa agua donde se sumerge tanta miseria, desde el amanecer hasta que anochece.

¡Entrevista excepcional!

Solo viviendo somos capaces de conocer la vida. Solo amando llegamos a conocer el amor; no siendo amados, sino amando. No se le puede describir, porque no es descriptible, si nos cupiese dentro de la razón no sería Dios. ¿Qué te parece si nos aproximamos un poco más al estanque? Necesito conversar con ese líquido salutífero.

–¿Cómo te sientes?– interrogo al agua.

Su voz, rumorosa y cantarina, me confiesa que a ratos se cansa. Nadie viene a sumergirse con una sonrisa en el rostro y alegría en el corazón. Estoy a punto de decirle que comprendo su pesar, pero el agua sigue hablando, como si llevase mucho tiempo deseando una oportunidad para soltar su carga.

–Lo que más me perturba es ver los ojos de un niño en los que se refleja un cansancio extremo. Cada vez que un niño es traído a esta plaza y lo observo recorrerla totalmente desorientado, miro esos ojos con más hondura aún y me pregunto cómo ha llegado a semejante deterioro, qué camino ha seguido –guarda silencio un instante y solo el rumor del viento se escucha, hasta que concluye, resignada–, luego me digo: "¿Qué más da la senda que siguieron?" Están aquí y suplico al cielo poder ayudarles para que el dolor deje de robarles su infancia.

El agua se agita, pero no ahora por la intervención del cielo, sino por la necesidad de seguir narrando su historia; sospecho que nunca nadie se ha preocupado por los sentimientos del estanque sanador. Pocas veces interesa saber cómo se siente quien ayuda, solo interesa que siga ayudando. El agua salutífera continúa compartiendo sus emociones.

–Cada día me asomo y contemplo, estremecida, la escena que me rodea. Hay casos terribles, ansiedad y desesperación; personas cuyo nombre la Muerte está aprendiendo. Ante la espantosa situación de alguno, vaticino su final y casi nunca me equivoco: poco después es un cuerpo que ya no se mueve y que enseguida retiran. Ver cómo apartan un cadáver es para mí un dolor sangrante, pero para el resto solo supone un competidor menos. El sufrimiento puede volvernos generosos o egoístas; nos amarga o nos convierte en puro néctar.

Cada palabra que escucho es como una gris pincelada en el cuadro de la tragedia humana, pero lo que veo no es una pintura, sino la cruda realidad que decenas de personas viven.

–Hay en la plaza enfermos de características muy distintas. Conviven ciegos con sordos y paralíticos con mudos. "Quedaban sanos de cualquier enfermedad que tuviesen". No importa el nombre de la enfermedad, pues el cielo tiene recursos para solventar cualquier problema. Nosotros solo tenemos preguntas, Dios solo tiene respuestas. No existe problema tan grave como para que el cielo lo desahucie, ni tan pequeño como para que lo ignore.

La cristalina superficie se mece levemente mientras confiesa:

–Lo peor es cuando se desata la exasperación y la hostilidad en medio de las carreras por llegar hasta mí –parece suspirar el agua—. Hay noches en las que escucho pasos que no da nadie y confundo el murmullo del viento con gemidos de dolor –enmudece, pero solo un instante, pues enseguida, y casi en tono de disculpa, matiz– pero no quiero darte la impresión de que estoy pesarosa porque el cielo me eligió. ¡En absoluto! –sube el tono de su voz para que no quede duda al respecto–. Ser llamado por Dios es lo más alto a lo que cualquiera pueda aspirar, y servirle, y también al prójimo, es un privilegio altísimo; cada lágrima que logro enjugar produce en mí mil sonrisas. No quisiera, bajo ningún concepto, que el cielo quitase de mí el sello que me imprimió, solo que a veces me siento agotada.

Sus palabras rescatan de los archivos de mi memoria la reflexión que alguien, mucho tiempo atrás, me transmitió: "Con frecuencia, el ser humano sellado por Dios y elegido, lleva una luz a su espalda. Esta no ilumina su propio camino, pero sí el de los que vienen detrás. Pero el portador de la luz suele avanzar en la noche oscura, tan solo activado y sostenido por el radar de la fe". ¿Hay alguien que no termine intoxicado tras todo un día recibiendo tormentos y penas? Pero no es una jornada lo de esta agua, sino una vida.

–Pero, entonces –logro interrumpir el sangrante monologo del agua–, ¿cómo sobrevives? ¿Qué haces para lograr sobreponerte a tanto sufrimiento?

–El cielo se ocupa de renovarme –responde convirtiendo su murmullo en una voz de felicidad contagiosa–. Cuanta más amargura me rodea, más frecuentemente se abre el cielo –su voz es ahora un rumor cristalino y plácido, como una sonrisa tan invisible como perceptible–. ¿Te has dado cuenta de que yo no recibo a ningún enfermo sin que antes el cielo me toque? Solo entonces, cuando la celeste mano entra en contacto conmigo, yo entro en contacto con el enfermo –un pequeño banco de peces surca el húmedo espacio, confirmando que la vida llena aquellas aguas–. Del mismo modo, cada vez que la dolencia se sumerge en mí, cuando mi agua es removida por la miseria humana, vuelvo a recibir la caricia del cielo que me renueva. Antes y después de tratar con el dolor soy tratada por el cielo –suena cantarina su voz–, no puedo transformar a nadie sin haber sido transformada previamente. Es el divino toque lo que me cura y me hace agente de curación. Imposible de otro modo. Es cierto, veo mucho dolor, pero lo mejor que me ha ocurrido en todo este tiempo, desde que Dios me escogió como agente de sanidad, ha sido verlo a Él.

–¿A Él? –no comprendo.

–¡A Jesús de Nazareth! –hay triunfo en su voz–. Vino un día y se acercó al veterano de esta plaza: el más experimentado en dolor de este lugar. El desdichado llevaba acumulados treinta y ocho años de aflicción. Jamás había logrado ganar la competición por entrar antes que el resto. Pensé que Jesús lo ayudaría a sumergirse, pero no precisó entrar en mí porque Él mismo es el agua de vida. Simplemente lo sanó. Yo pensé que vendría acompañado de su equipo. Creo que eran doce los que habitualmente iban con él, pero vino solo.

–¿A la plaza del dolor llegó solo? –interrogo, sorprendido de que al lugar donde se concentra la aflicción, Jesús acudiera sin compañía–. ¡Qué extraño!

–Ahora que lo dices, tal vez quiso mostrar que hay aflicciones que nos toca llevar a solas. Únicamente acompañados por Jesús. Momentos en los que toca estar solo con Él –sigue precisando el húmedo elemento–. Lugares de completa soledad que nos ponen cara a cara con quien la vence y la destierra, o tal vez la mantiene, pero para convertirla en terapéutica. La presencia de compañeros, mentores y maestros es una necesidad vital para cualquiera. Pero hay momentos de dolor tan intenso que requieren la intervención sagrada de forma directa. Enfermedades que precisan del sagrado bisturí y heridas que solo se cierran con el hilo de oro que aplica el Bendito Cirujano. Son tramos del camino tan estrechos que solo pueden recorrerse a solas. Desiertos rotundamente vacíos de toda presencia humana. Como te digo, vino sin sus discípulos, pero recuerda –me advierte–: la ausencia de discípulos no siempre es indiferencia de estos, a veces es designio de Dios –e insiste–: a veces reprochamos a los amigos su abandono, pero deberíamos ser conscientes de que el hecho de que no nos busquen en el dolor no significa necesariamente que no nos amen, con frecuencia significa que Dios nos ama tanto que nos quiere a solas. Cuando a ese desdichado que estuvo treinta y ocho años enfermo, Jesús de Nazareth le preguntó si quería ser sano, en vez de responder que sí, se puso a lamentar su desamparo: "No tengo quién me meta en el agua", decía, y resulta que nadie lo ayudó a ir al agua porque su salud no estaba allí, sino en un cara a cara con el propio Jesús. El aparente desamparo que a veces sufrimos no es indiferencia de los otros, sino providencia del cielo. Ya lo dijo hace siglos el profeta: "Yo la voy a enamorar: la llevaré al desierto y le hablaré al corazón" (Oseas 2:14 DHH).

–Veo que no solo eres agua sanadora, también eres sabia.

–Es que la sabiduría es la cuna de la salud –ríe con limpieza cristalina–. Y también el dolor hace sabio –casi lo susurra–. Pocas cosas enseñan tanto como el dolor, el sufrimiento ingerido y digerido dota de sabiduría, a la vez que confiere autoridad y acierto a las palabras. Un corazón con puntos de sutura se convierte en un cofre que alberga auténticos tesoros.

La noche cae, también desciende la temperatura. Desde el jardín circundante asciende una perfumada humedad. Ha cesado la brisa, la luz del día también, lo mismo que los llantos y lamentos. Han venido a buscar a los enfermos, todo es silencio ahora, y quietud. Observo que el agua se agita levemente, pero no hay enfermos que corran a sumergirse, solo el cielo interviene restaurando la pureza y calidad del estanque. Es un tiempo sagrado: el agua se renueva en la noche para regalar salud durante el día.

Por los soportales entran los mezclados aromas del jardín, purificando el espacio, barriendo la hediondez del dolor e implantando el aroma de la vida. Todo es calma durante la noche, e intimidad también. Amanecerá de nuevo y retornará la miseria, que volverá a ocupar la plaza, pero ahora es tiempo para la paz. El agua se inunda de cielo y la noche repara lo que el día rompió. Para cuando el sol asome en el horizonte el agua no será la misma, se vació de dolor para llenarse de vida, porque el que cuida debe cuidarse, y debe alimentarse quien reparte alimento.

Surjo de mi ensoñación y reflexiono en el privilegio que tengo de vivir en un tiempo cuando no es necesario que el agua sea tocada por el cielo, porque ya el cielo pisó la tierra y anduvo por ella.

El néctar de la reflexión

Hoy no me quedó más remedio que alterar el orden de mi texto. No será el acróstico "sublime" lo que ocupe este apartado, sino otra palabra: Raiden. Se trata de un nombre; el de un niño que acaba de cumplir cinco años. Su historia me ha quebrantado, a la vez que me afirmó en la idea de que aún quedan "estanques de Betesda", decididos a regalar bendición y sanidad.

La historia de Raiden González contiene todos los elementos para que cualquier corazón de piedra se convierta en húmeda arcilla. Este pequeño nunca olvidará el fatídico año 2020, pero tampoco logrará borrar de su mente –gracias a Dios– el día de su quinto cumpleaños. La pandemia del Coronavirus que asola al planeta mientras escribo, en ocasiones se ensaña de manera cruel.

Raiden González es un pequeño niño de Texas, Estados Unidos, que este año ha perdido a sus padres a causa de la Covid–19. Fue en junio cuando el padre de Raiden, Adán González de 33 años, falleció. Cuatro meses después, en octubre, y por la misma causa, falleció su madre, Mariah Salinas, de 29 años. La tristeza de un niño que ha perdido a un padre es desoladora, pero Raiden perdió padre y madre en un espacio de tiempo muy breve.

Ahora el pequeño vive con su abuela materna, Rozie Salinas, quien achaca el fallecimiento de su hija a la tristeza por la muerte de su esposo. "Fue la tristeza por perder a su marido, estaba muy deprimida", compartió.

Sin embargo, hay algo que a veces sorprende de la humanidad y restaura nuestra fe: me refiero a la capacidad del ser humano para ponerse de acuerdo por un bien mayor y, en este caso, unir fuerzas tenía como objetivo avivar la ilusión de un niño y recuperar su sonrisa. Los vecinos del barrio donde vive Raiden no podían permitir que su cumpleaños pasara desapercibido, y se encargaron de que el niño olvidase, aunque sea por un momento, la pandemia que vivimos y la dura experiencia que le tocó experimentar. Para ello, organizaron una fiesta donde le brindaron su cariño, apoyo y amor al pequeño que celebró cinco añitos.

Con la ayuda de vecinos y de ciudadanos de todo el mundo, han logrado reunir más de 170 000 euros en donaciones que serán utilizadas en ayudar a la abuela y al mismo Raiden. No faltaron al cumpleaños algunos invitados de lujo como Batman y una de las personas más ocupadas del mundo por estas fechas: ¡Papá Noel! Raiden no solo ha recibido el coche de bomberos que tanto deseaba, sino que ha podido subirse a uno de verdad. Y aunque el inocente deseo de Raiden en su quinto cumpleaños era "que sus padres ya no fueran ángeles, sino que volvieran junto a él", los vecinos de su barrio de San Antonio consiguieron sacarle una sonrisa que, sin duda, sus padres estarían mirando desde el cielo muy orgullosos.

La historia de Raiden me hizo reír y llorar a partes iguales. Comprobé de manera fehaciente que hay en el mundo "estanques Betesda" cuyo bendito empeño es enjugar lágrimas y dibujar sonrisas. Borrar sombras y encender luces.

Mientras degustaba esta historia de solidaridad, cerré mis ojos y rogué a Dios que tocase mi agua; que me dotase de propiedades terapéuticas para regalar sanidad a tantas vidas heridas en este año de pandemia. Porque el mundo necesita estanques donde sumergirse y dejar el intenso dolor que lo oprime.

NOCHE DE LUCHA, DÍA DE VICTORIA

Antes de entrar en la escena

Hoy el día amaneció con un sol bravío e inflexible. Por fortuna, me encontraba cerca del mar, y hacia allí dirigí mis pasos. Pocas cosas me inspiran tanto como caminar por la orilla con la brisa marina en el rostro y las olas bañando mis pies. En eso estaba cuando, sorpresivamente, un pajarillo se precipitó en el agua, justo delante de mí. El siguiente maretazo lo revolcó sobre la arena y luego lo succionó; aquella ave batía sus alas con desesperación, intentando retornar a la orilla.

Cuando lo tomé en mi mano, aprecié que era un gorrión de pico naranja. Se dejó llevar con docilidad y lo deposité en tierra seca. Enseguida sacudió sus alas, liberándose del agua y del barro, se atusó y se echó en brazos de la vida como si nada hubiera pasado.

Me senté en la orilla, pensativo, y mientras el agua refrescaba mis piernas medité en tres errores que cometió el ave y que estuvieron a punto de costarle la vida:

- Confundió su lugar: aquel gorrión no fue diseñado para el mar, sino para jardines de frondosos árboles y rumorosas fuentes.
- Equivocó el agua: el ardiente día requería hidratarse, pero no todo líquido transparente es vital; alguno puede resultar mortal.
- Confundió sus referentes: reparó en las gaviotas que se zambullían en el mar y resurgían triunfales. Quiso emularlas, pero sus alas no fueron proyectadas para eso. Casi a precio de su vida, comprobó que la imitación puede ser una ruleta rusa de consecuencias fatales.

> Imitar al triunfador no siempre nos convierte en héroes, sino que puede convertirnos en cadáveres.

Tres errores que pudieron ser fatales, pero que neutralizó con un supremo acierto: dejarse llevar por la mano que lo sacó del barro y lo devolvió a cielos de libertad. Seguí reflexionando con la mirada fija en la oscilante superficie, y mi mente me trasladó a otro mar, el de Galilea, donde una noche memorable un grupo de pescadores vivió una experiencia difícil que cambió sus vidas para siempre.

Ahora sí, vayamos al texto.

Después de esto, Jesús se manifestó otra vez a sus discípulos junto al mar de Tiberias; y se manifestó de esta manera: Estaban juntos Simón Pedro, Tomás llamado el Dídimo, Natanael el de Caná de Galilea, los hijos de Zebedeo, y otros dos de sus discípulos. Simón Pedro les dijo: Voy a pescar. Ellos le dijeron: Vamos nosotros también contigo. Fueron, y entraron en una barca; y aquella noche no pescaron nada.

Cuando ya iba amaneciendo, se presentó Jesús en la playa; mas los discípulos no sabían que era Jesús.

Y les dijo: Hijitos, ¿tenéis algo de comer? Le respondieron: No.

Él les dijo: Echad la red a la derecha de la barca, y hallaréis. Entonces la echaron, y ya no la podían sacar, por la gran cantidad de peces. Entonces aquel discípulo a quien Jesús amaba dijo a Pedro: ¡Es el Señor! Simón Pedro, cuando oyó que era el Señor, se ciñó la ropa [porque se había despojado de ella], y se echó al mar. Y los otros discípulos vinieron con la barca, arrastrando la red de peces, pues no distaban de tierra sino como doscientos codos.

Al descender a tierra, vieron brasas puestas, y un pez encima de ellas, y pan.

Jesús les dijo: Traed de los peces que acabáis de pescar.

Subió Simón Pedro, y sacó la red a tierra, llena de grandes peces, ciento

cincuenta y tres; y aun siendo tantos, la red no se rompió.
Les dijo Jesús: Venid, comed. Y ninguno de los discípulos se atrevía a preguntarle: ¿Tú, quién eres? sabiendo que era el Señor.
Vino, pues, Jesús, y tomó el pan y les dio, y asimismo del pescado.
JUAN 21:1–13

Preludio

El capítulo veintiuno del Evangelio de Juan desprende aroma de anexo, tiene sabor a apéndice incorporado, casi con urgencia, cuando la narración ya estaba concluida. Déjame que te explique por qué lo considero así: como persona que ama leer e intenta escribir, puedo asegurarte que el final del capítulo anterior es un magnífico cierre para este Evangelio.

Léelo y dime qué opinas: "Hizo además Jesús muchas otras señales en presencia de sus discípulos, las cuales no están escritas en este libro, pero éstas se han escrito para que creáis que Jesús es el Cristo, el Hijo de Dios, y para que creyendo, tengáis vida en su nombre"(LUCAS 20:30–31). ¿Te das cuenta? ¡Tras un epílogo así, a uno no se le ocurre otra cosa que sellar con un amén!, y poner punto final.

¿Por qué añadir el capítulo veintiuno? Estoy convencido de que la adición se debe a que ese "presunto apéndice" contiene enseñanzas primordiales y totalmente necesarias. ¿Qué te parece si nos sumergimos en una de ellas?

¡Acerquémonos!

Anochece. La actividad a orillas del lago Tiberiades es, como cada jornada, frenética: allí la pesca es nocturna, así lo enseñan en la escuela de pescadores de Galilea: "[...] la luz de la luna inspira y sosiega a la multiplicidad de peces que habitan esas aguas. La quietud de la noche los hace más capturables". ¡Mira! ¿Ves a aquel grupo de pescadores que se aproxima a una barca? Vayamos hacia ellos.

Suben a bordo todos los aparejos y se disponen para una nueva noche de faena en el mar. Todo apunta a que la jornada será productiva y totalmente exitosa. Esa cuadrilla de pescadores reúne todos los condicionantes para triunfar:

- Van a pescar al "lugar perfecto": el mar de Tiberias, también conocido como lago Tiberiades o mar de Galilea. En realidad, es un engrosamiento o ensanchamiento del río Jordán en su discurrir hacia el Mar Muerto. Allí el cauce del río forma una impresionante laguna; una extensión de agua de veinte kilómetros de largo por catorce de ancho. Una de las características de ese inmenso lago es que sus aguas están saturadas de vida. Treinta especies diferentes conviven bajo la superficie. Algunas personas que lo han sobrevolado aseguran haber visto bancos de peces de ciento ochenta metros cuadrados.

Es, sin duda, el lugar perfecto para pescar.

- Son el "equipo perfecto": observa al grupo y ayúdame, por favor. Si te parece yo los nombraré y tú llevas la cuenta. "Están juntos Simón Pedro, Tomás llamado el Dídimo, Natanael el de Caná de Galilea, los hijos de Zebedeo [que son Jacobo y Juan], y otros dos de sus discípulos".

¿Cuántos pescadores contaste? Efectivamente, siete. En la Biblia, el número siete está relacionado con lo perfecto, lo completo, aquello en lo que no falta nada. De hecho, la barca tiene espacio óptimo para acoger a seis personas, es decir que hoy va sobretripulada, lo que viene a significar que van sobrados de recursos humanos.

Entonces tenemos al equipo perfecto pescando en el lugar perfecto. Déjame añadir un detalle más que ratifica el hecho de que aquella noche prometía ser muy productiva:

- El equipo perfecto iba capitaneado por el "líder perfecto": escucha, Pedro está diciendo algo: "¡Voy a pescar!" (v. 3).

¿Oíste la respuesta del grupo? "Vamos nosotros también contigo" (v. 3). Así le han dicho. Créeme, este es el signo del auténtico liderazgo: Pedro no ha arrastrado a nadie, sino que influyó con su ejemplo. Pisó en dirección a la barca y el resto caminó sobre sus huellas.

Una definición de liderazgo es: "Abrir un camino y ver que otros lo recorren". El verdadero líder no coacciona, sino que influye, no impone su autoridad, sino que impregna con su ejemplo.

Pedro no tuvo que forzar, convencer ni exhortar; ha salido a pescar y le han seguido. Treinta y nueve años en el pastorado no me autorizan a demasiadas cosas, pero me han enseñado algunas, y una de ellas es que mi énfasis no debe ser reivindicar mi posición, ni imponer mi opinión, sino realizar mi función con integridad. Sabio es el líder que entiende que es más fácil seguir huellas que obedecer órdenes. El respeto no se gana con exhibiciones de poder, sino con coherencia, integridad y ejemplo.

En resumen, frente a nosotros tenemos al equipo perfecto, capitaneado por el líder perfecto y pescando en el lugar perfecto. Todo apunta a una noche de grandes capturas. Sobre el escenario confluyen todos los elementos para ejecutar la mejor ópera prima.

Aguardemos a que vuelvan. Abrígate bien mientras esperamos, las noches en la ribera de este mar son bastante frescas. Ya amanece. No tardarán en regresar. ¿Habrán obtenido una gran captura? ¿Habrán llenado la barca de peces? "Aquella noche no pescaron nada", JUAN 21:3. ¿Cómo? Lugar perfecto, equipo perfecto y líder perfecto, han dado como resultado el "fracaso perfecto".

Déjame que te explique, en realidad conozco el desenlace de la historia y si tuviera que ponerle un título a este drama, creo que sería "dos milagros en la noche", porque estoy convencido de que antes de lo que conocemos como "el milagro de la pesca milagrosa", tuvo lugar otro milagro de no menor calado: "el milagro de la NO pesca".

Para captar la intensidad de lo ocurrido, se hace necesario subrayar una palabra: "Aquella noche no pescaron nada". ¿Puedes apreciar la fuerza de ese pronombre indefinido que significa "ninguna cosa"? Si la pesca hubiera sido escasa, el párrafo aludiría a una pobre captura. Pero dice que el fruto de la noche de trabajo fue "nada".

Observa que poco después Jesús les pregunta: "¿Tenéis algo de comer?" ¿Qué le respondieron? ¡Exacto! La respuesta fue "Nada"; no le dicen: "Espera que busque, no hay mucho, pero algo tenemos por aquí". Esta intervención milagrosa se relata en dos evangelios: el de Lucas y el de Juan, y ambos evangelistas coinciden en que la confesión de los pescadores fue: "No hemos pescado nada". Dime, honestamente, ¿no te parece llamativo? ¡El equipo perfecto, con el líder perfecto y en el lugar perfecto, solo logran el descalabro perfecto!

Que la pesca hubiera sido pobre, sería extraño pero admisible; pero que la captura haya sido el equivalente a "cero", resulta demasiado sorprendente y muy poco admisible como un hecho natural. Un hundimiento tan estrepitoso solo puede obedecer a una intervención sobrenatural.

Creo que había un propósito claro en ese nefasto resultado. Aquella derrota no era sino el útero que gestaba una gloriosa victoria. Una vez más la Gracia vino envuelta en desgracia. Tras ese "nada" llegaría el "todo". Así como el experto joyero coloca el mejor de sus diamantes sobre terciopelo negro para que destaque su brillo, Jesús permitió la máxima lobreguez para destacar el fulgor del milagro. Conviene recordar que un diamante no es otra cosa que un trozo de carbón que soportó una presión extraordinaria. Hasta el día de hoy el divino Gemólogo sigue convirtiendo desechos en diamantes a través de los cuales mostrar Su Gloria.

Las redes vacías actuaron como megáfono que despertó a un grupo de dormilones que descansaban en el colchón de la suficiencia. Los aciertos estimulan, pero los errores enseñan. Cada aparejo que esa noche resultó inútil e inservible declaraba luego un mensaje que a esos pescadores les acompañaría toda la vida: tenerlo todo sin Dios, es como no tener nada. Carecer de casi todo y tenerlo a Él, es como tenerlo todo.

En aquel impecable escenario, se habían dado cita las circunstancias perfectas y un equipo insuperable, pero faltaba Jesús. La barca iba extraordinariamente tripulada y sobrada de recursos humanos, pero estaba ausente el factor divino. Olía a pescador, pero faltaba el aroma del cielo.

Cuando vivimos una difícil experiencia, adquirimos "capital de memoria" que nos será muy útil en la vida. La adversidad es una extraordinaria maestra, por eso estoy seguro de que esos pescadores jamás olvidaron que la presencia de Jesús en la barca no es una opción, sino una absoluta necesidad.

Jesús en la playa

Observa ahora, hemos llegado al verdadero punto de inflexión en esta historia: "Cuando ya iba amaneciendo, se presentó Jesús en la playa", (JUAN 21:4). La noche se tiñe de día, la sombra retrocede y la luz impone su gloriosa monarquía; todo ocurre justo en el instante en que Jesús se hace presente.

Intenta visualizarlo, por favor, acércate y pisa conmigo esa playa. Enterremos nuestros pies en la fina arena de la orilla: en la zona suroriental del mar de Galilea se extiende el desierto de Jordania, que es una interminable y ardiente llanura que abarca hasta donde alcanza la vista. Allí, al fondo, justo en el horizonte, un sol redondo y rojo comienza a levantarse.

Está amaneciendo, y sobre la circunferencia granate, que todavía parece posada en la tierra, se recorta una silueta. Es el contorno, el esbozo de una persona que aguarda en la orilla. Los ojos de los pescadores, empañados por la neblina de la frustración, no alcanzan a distinguirlo, pero quien los aguarda en la orilla es Jesús. Está en la arena, esperando a los pescadores que se acercan tras la noche de fracaso. Siempre es así, siempre ocurre de esa manera: Él nunca falta en nuestros peores días ni se ausenta en las noches más nefastas. Nos aguarda en la orilla de nuestra debacle.

Observa, los marineros reman cansados en dirección a la arena. ¡No!, en realidad no están cansados, sino extenuados, porque el cansancio solo alude al cuerpo, pero la extenuación trasciende la mera capa de carne e impregna de agotamiento el alma. Arrojar mil veces la red, provoca cansancio; pero extraer mil veces la red vacía, genera extenuación. Eso es lo que sienten, extenuación emocional. Sus redes están vacías, y la vaciedad es un peso capaz de quebrar la espalda y abatir el alma.

Cuando la barca está cerca, Jesús les habla. Presta atención, te lo ruego, a la primera expresión que les dirige: "Hijitos" (v. 5). El vocablo que nuestras biblias traducen así es la palabra más tierna que un padre hebreo podía dirigir a su hijo. Más que una palabra es un abrazo. ¿Viste a alguien tomar a un bebé, alzarlo en sus brazos y comenzar a decirle: mi vida, mi cielo, mi sol? ¿Te has fijado cómo luego lo acerca a su pecho, lo acuna y sigue diciéndole ternuras? Algo así, muy parecido a eso, se concreta en la dulce expresión que Jesús dirige a los rudos pescadores.

Intento visualizar la escena, en concreto a Pedro, a quien siempre he imaginado como un tipo recio, forzudo y barbudo. No puedo menos que percibir extraño que Jesús se dirija a él con una expresión tan extraordinariamente tierna. ¿A un tipo de la envergadura y reciedumbre de Pedro dirigiéndole el apelativo de "hijito"? ¿Por qué Jesús habla con tanta ternura a alguien tan robusto y forzudo? Porque Pedro, el líder perfecto, acaba de darse cuenta de que no es tan perfecto, ni tan líder. Un fracaso del calibre del que acaba de vivir es un maestro que abre los ojos, derrite las medallas y aplaca los humos. Las redes vacías declaran el verdadero alcance de su fuerza. La barca, desbordante de pescadores, pero vacía de pescado, revela que no son tan autosuficientes.

Por eso Pedro necesita ahora algo más que palabras, precisa del abrazo del padre; el vigoroso pescador requiere del susurro restaurador: "hijito". Y así, justo en el instante en que Jesús se hace presente, comienza a cambiar la situación. El "nada" que pronunciaron fue el interruptor que activó las instrucciones de Jesús y encendió todas las luces. La aceptación del "nada" fue el camino hacia el "todo".

Extrañas instrucciones

Para pisar el segundo peldaño de la escalera que alzó a los pescadores desde la noche del fracaso hasta el día de la victoria, indaguemos en un detalle de este mismo episodio, pero redactado por el doctor y evangelista Lucas. "Cuando [Jesús] terminó de hablar, dijo a Simón: 'Boga mar adentro, y echad vuestras redes para pescar'. Respondiendo Simón, le dijo: 'Maestro, toda la noche hemos estado trabajando, y nada hemos pescado; mas en tu palabra echaré la red'", LUCAS 5:4–5.

Me encanta la precisión con la que escribe Lucas. Entra en mínimos detalles que otros suelen obviar. Aporta datos aparentemente innecesarios, pero que actúan como luminosos focos sobre la narración: "boga mar adentro", así le dice Jesús. Sobre aquellas barcazas que faenaban en el mar de Galilea había dos formas de navegar: ciar o bogar. "Ciar" es una navegación de espaldas a la popa, el pescador se mantiene mirando a la orilla y de espaldas a su destino. Es decir, se mueve en una dirección, pero la vista sigue clavada en su punto de origen. Físicamente se acerca a un nuevo destino, pero mentalmente sigue en el punto de partida. "Bogar" consiste en remar mirando hacia la popa del barco, dando la espalda a la orilla. ¿Qué implicaba esto? Enfocar la mirada, la mente y toda la energía en el nuevo destino. "Boga mar adentro", le dijo Jesús a Pedro. Eso equivalía a decirle: aparta los ojos de tierra firme y de tu zona de confort. Clava la mirada en tu objetivo y sumerge el alma en el mar, que es tu propósito. ¿Tenía Jesús interés en que Pedro lo dejase todo por la pesca? Por supuesto que no, pero estaba enseñándole un principio esencial para la pesca de almas. La clave de quienes cambian la historia y dejan huellas indelebles: viven y mueren por un propósito, y para eso hay que dar la espalda a todas aquellas orillas que nos apartan de nuestro mar; el secreto de la concentración está en la eliminación. Pedro estaba siendo preparado para otro tipo de pesca: la pesca de almas. Y esta iba a requerir la implicación más absoluta del apóstol.

Permíteme que desenvuelva otro de los tesoros que hay ocultos en los pliegues de esta bellísima historia: la instrucción que Jesús le da a Pedro resulta contraria a lo que los pescadores habían aprendido. ¡Les da instrucciones aparentemente absurdas! Aun en el parvulario de la escuela de pescadores se enseñaba que en el mar de Galilea la pesca se lleva a cabo de noche. Pedro, como hombre de mar que había crecido entre redes y barcos, y cuyos pañales olían a pescado desde el inicio de su vida, detectó de inmediato que las directrices de Jesús contravenían a la lógica. Para complicar más las cosas, Jesús era un insuperable Rabí e impecable carpintero, pero respecto a la pesca, no tenía la menor idea.

Pedro se enfrenta a una difícil encrucijada: escucha a Jesús, cuya sugerencia parece incoherente y disparatada, o se deja guiar por su amplio conocimiento y su nutrida experiencia. Cuando Jesús da la instrucción de que boguen mar adentro y arrojen las redes para pescar, Pedro responde: "Toda la noche hemos trabajado". Permíteme que intente bucear en el alma de Pedro para convertir sus emociones en palabras: "Jesús –creo que intenta decirle–, hemos estado trabajando toda la noche, porque en este mar la pesca es nocturna. ¡Lo hicimos todo con escrupuloso rigor y siguiendo fielmente el protocolo, pero resultó inútil! ¡No hemos pescado nada!".

¿Has notado el uso que hace de términos absolutos? "¡*Toda* la noche hemos trabajado, y *nada* hemos pescado!", cuando alguien impregna palabras absolutistas en sus frases, denota hartazgo, tal vez angustia, pero desde luego muchísimo estrés. Es admirable, sin embargo, que concluya su disertación con una frase de este calado: "Mas en tu palabra echaré red".

Me cautiva el idioma bíblico por su profundidad. Encuentro en el griego, arameo y hebreo –lenguas que, bien a mi pesar, no domino– la misma belleza y hondura. Me da la impresión de que son lenguas que no redactan frases, sino que pintan cuadros en los que uno puede sumergirse, recorrerlos y deleitarse en los mil tesoros que yacen ocultos en mínimos detalles.

Cuando Pedro declara: "[...] en tu palabra echaré la red", las expresiones que aparecen en la lengua original podrían traducirse como: "[...] pisando sobre tu palabra, echaré la red". La imagen que esa frase dibuja es la de alguien que ha llegado al final de un camino y frente a él se abre un abismo. Un paso más lo deja en el vacío, por lo que solo cabe una opción: detenerse, claudicar y abandonar la carrera. Pero, de pronto, Jesús le habla y sus palabras se convierten en suelo firme. Las instrucciones del Maestro cobran la apariencia de firme sobre el que pisar para seguir avanzando.

En definitiva, lo que Pedro responde a Jesús es: "La noche nos ha entregado un rotundo fracaso, lo hicimos *todo* y no sirvió de *nada*, pero no me detengo; tomo tu palabra y la convierto en superficie sólida sobre la que seguir caminando". ¿Cuál fue el resultado? Una impresionante captura: ciento cincuenta y tres grandes peces. Siempre me intrigó que el relato contenga un número tan preciso, hasta que, recientemente, supe que en aquel tiempo se conocían ciento cincuenta y tres especies de peces en el mundo grecoromano.

¡Qué precioso simbolismo! El Evangelio de Juan contiene diversos elementos que nos permiten utilizar –siempre con mesura y prudencia– una hermenéutica de símbolos. Que en la red hubiera una cantidad de peces equivalente a las especies de fauna marina conocidas, es una alegoría de que la misión apostólica de esos pescadores de almas sería global y no territorial. Para llevarla a cabo, tendrían que dejar su estrecha orilla, enfocándose en la bastedad de un mar universal.

Un desayuno con Dios

Llegamos al tercer peldaño de esta escalera que nos saca de la noche de fracaso para introducirnos en un día de victoria. "Cuando descendieron a tierra, vieron brasas, y un pez encima de ellas, y pan" (JUAN 21:9).

A causa de la distancia y de la escasa luz los pescadores no habían identificado que era Jesús quien estaba en la orilla. Tuvo que ser el discípulo amado, probablemente Juan, quien reparase en la categoría de la persona que les aguardaba en la playa.

"Es el Señor", gritó. Podía haber utilizado varios vocablos para referirse a alguien tocado con majestad, pero la que elige es la palabra que concentra toda la carga de autoridad y majestad que podamos imaginar. "¡Kirios!". Eso fue lo que exclamó: Señor de señores. Su majestad es excelsa, ningún trono está sobre el suyo.

¡Míralo, por favor! ¿Puedes verlo? Observa las brasas, y el enorme pez encima de ellas, y el pan esperando ser partido. ¡El gran Kirios ha preparado un desayuno! El Señor de señores ha pisado la arena, se ha ceñido un delantal y cocina un desayuno para los suyos. No me pidas que te explique este milagro de amor. No puedo explicarlo, pero necesito disfrutarlo.

Necesito desayunar con Jesús porque la noche ha sido larga y, también, difícil. La red vacía pesa demasiado pero, ahora sí, ha pasado la noche y amanece un nuevo día. Él me espera en la playa: hay brasas, un pez encima de ellas y pan. El equipo perfecto, con el líder perfecto y en el lugar perfecto, no pescó *nada*. Jesús, sin barca, sin red, sin nada más que Él, ya tiene el pez sobre las brasas y preparado el desayuno. Creo que todos adoraron.

Tras la noche de fracaso levantaron un altar de adoración porque reír nos hace fuertes, pero adorar en la adversidad nos hace invencibles. En el estresado Pedro abundaron los absolutos "todo" y "nada". Tal vez, tras aquella gloriosa experiencia tomó esas dos expresiones para componer con ellas una preciosa verdad: "¡Tenerlo todo sin Dios es como no tener nada. Carecer de todo y tenerlo a Él es tenerlo todo!".

El néctar de la reflexión

Sabio es el líder que entiende que es más fácil seguir huellas que obedecer órdenes. Nuestro énfasis no debe ser reivindicar mi posición, ni imponer mi opinión, sino realizar mi función, y hacerlo con integridad.

Un experto joyero siempre coloca el mejor de sus diamantes sobre terciopelo negro para que destaque su brillo. Del mismo modo Jesús permitió la máxima lobreguez para destacar el fulgor del milagro.

Bendiciones, victorias y aciertos estimulan, pero los errores enseñan. Cada aparejo que esa noche resultó inútil e inservible declaraba luego un mensaje que acompañaría a esos pescadores toda la vida: tenerlo todo sin Dios, es como no tener nada. Carecer de casi todo y tenerlo a Él, es como tenerlo todo.

La barca iba sobrada de recursos humanos, pero faltaba el factor divino. El olor a mar era evidente, pero se echaba en falta aroma de cielo. Faltaba Él en la tripulación.

Ilumina la arena el leve relumbrar de unas brasas. Sobre ellas humea un enorme pez, también hay pan esperando ser partido. ¡El gran Kirios ha preparado un suculento desayuno! Es el Señor de señores cuya majestad supera a la de todos, pero ha pisado la arena, se ha ceñido un delantal y cocina para los suyos.

Mientras más lo miro menos entiendo este milagro de amor. No puedo explicarlo, pero necesito disfrutarlo. Necesito desayunar con Jesús porque la noche ha sido larga y también difícil. La red vacía pesa demasiado pero, ahora sí, junto a Jesús pasó la noche y amanece un nuevo día.

El equipo perfecto con el líder perfecto y en el lugar perfecto, no pescaron "nada". Jesús, sin barca, sin red, sin nada más que Él, ya tiene el pez, y el fuego, y el pan: Él lo tiene "todo".

EL TRAIDOR TRAICIONADO

Permite que te cuente...

Hoy es el día del viento. Reina afuera con absoluta monarquía. Incansable y acezante recorre el jardín y el campo entero. Se levanta colérico, retumba, asola los jazmines en flor, aterra a los hibiscos, sacude los olivos, alza silbidos apresurados.

Mientras observo el exterior con el rostro pegado al cristal, rememoro una conversación que mantuve hace apenas dos días. También él, mi interlocutor, vivía una noche de tormenta. "La más difícil que jamás haya vivido" –me aseguró con tono derrotado.

No destacaba su tempestad por el estruendo que impera en el jardín, donde el viento gime, se retuerce, se engarza en sí mismo, ulula, trepa y se desploma. Aquel era un temporal más sutil pero mucho más profundo: una tormenta de silencio. Pero el mutismo contenía tanto ruido, que estremecía su espíritu y hacía añicos su alma. Discurrió su confesión, más o menos, así:

–Discrepé del líder de mi congregación –reconoció–, y eso me hizo considerar la posibilidad de alejarme de la iglesia. Al comunicárselo al pastor, me encontré con una reacción inesperada. Convirtió mi discrepancia en deslealtad y mi divergencia en complot. Se sintió traicionado y replicó con una severidad desmedida. Apenas me dedicó cuatro frases, y cada una de ellas fue un disparo al corazón que me dejó sin aliento. Hubo tal acritud en sus palabras, tanta amargura en su respuesta, que me hizo recordar la máxima de William Congreve: "No hay furia en el infierno como la de una mujer despechada". Fui apartado de la iglesia y me aplicaron la peor de las disciplinas: la ley del hielo. Se me escarmentó con mutismo e indiferencia –no había rabia en su voz, sino infinita tristeza que se licuó y asomó en lágrimas–. Es posible, y hasta probable, que el equivocado fuera yo. Admito que seguramente no me asistía la razón, que necesitara corrección y la habría aceptado; enseñanza, y la habría agradecido. Pero, el silencio… –se mordió el labio inferior con gesto de pena, mientras negaba, moviendo su cabeza de lado a lado–. Nada es tan radical como el silencio –y el suspiro con el que ratificó la sentencia parecía contener pedazos de alma–. Habría preferido el peor reproche al látigo del silencio.

–¡Dejaron de hablarte! –exclamé, asombrado, y pregunté–: ¿es habitual ese trato con quienes se alejan?

–Temo que sí –no había triunfo en su voz, ni ánimo de revancha. Tan solo resignación–. Temo que es demasiado habitual. No te hablan, acusándote de infiel –y aclaró–: confunden discrepancia con deslealtad, y por eso instan a otros a no buscarte –asintió con los ojos encharcados–. Sospecho que es una interpretación muy particular de las palabras de Juan: "Si alguno viene a vosotros y no trae esta enseñanza, no lo recibáis en casa, ni lo saludéis" (2 Juan 10, LBLA).

–Pero, no lo entiendo –confesé–. Sigues amando al mismo Dios, profesando la misma fe, leyendo y acatando la misma Biblia. Continúas pescando en el mismo mar y a las órdenes del mismo bendito Patrón…

–Pero no perdonan que lo haga en otra barca –sentenció–. Consideran adulterio que alguien cambie de nave, aunque esta lleve la misma bandera, y siga arrojando las mismas redes en el mismo mar.

–Imagino que es muy duro para ti.

–Menosprecian el servicio que hasta ese día hiciste –casi era un murmullo. Necesitaba vaciarse y ventilar el alma–. Tiran indirectas en las redes sociales. Los que te amaban ahora parecen odiarte. Incluso sus predicaciones hablan de ti.

Profetizan que Dios está limpiando la casa. Dicen que los que se fueron no hacen falta. Dicen que eres un Judas. Lanzan maldiciones por haberte ido. Te dicen que Dios quitó la bendición de tu vida.

Quise decirle que estuviera tranquilo, que nadie puede revocar lo que Dios dijo acerca de nosotros. Que somos lo que Dios dijo que somos y no lo que la gente piense. Quise decirle también que el lugar del que salió no parecía una iglesia, sino un grupo sectario y religioso. Quise decirle muchas cosas, pero él seguía desabrochándose el alma y vaciándose de dolor.

–No hay nada más radical y doloroso que el silencio –repitió–. Mi teléfono, que antes sonaba a cada rato para solicitar ayuda, enmudeció de golpe. Me convertí en un proscrito, desterrado, muerto para ellos. Los solicitantes de ayuda no fueron solícitos en ayudar. Las manos que antes se tendían buscando apoyo, eran ahora puños cerrados –me miró con intensidad; su desconcierto se mecía en la humedad de sus pupilas–: las personas nacieron para ser amadas. Las cosas para ser usadas. ¡Qué terrible confusión impera hoy! Temo que las personas están siendo usadas y las cosas amadas.

Al escucharlo mi mente me trasladó a aquel episodio de traición que se dio mucho tiempo atrás; pero reflexioné en él con una premisa en mente: a veces traicionamos al "traidor". Vayamos a lo importante:

Por la noche Jesús estaba a la mesa con los doce.
Mientras comían, Jesús dijo:
–Les digo la verdad: uno de ustedes me traicionará.
Ellos estaban muy tristes y cada uno empezó a preguntarle:
–Señor, ese no seré yo, ¿verdad?
Jesús les respondió:
–El que moja su pan en el mismo plato que yo, es el que me

traicionará. El Hijo del hombre tiene que morir tal como está escrito.
Pero, ¡pobre de aquel que traicione y entregue al Hijo del hombre!
Más le valdría no haber nacido.
Judas, el que iba a entregar a Jesús le dijo:
—No seré yo, ¿verdad, Maestro?
Jesús le dijo:
—Sí, eres tú.
MATEO 26:20–25, PDT

Habiendo dicho Jesús esto, se conmovió en espíritu, y declaró y dijo:
De cierto, de cierto os digo, que uno de vosotros me va a entregar.
Entonces los discípulos se miraban unos a otros, dudando
de quién hablaba.
Y uno de sus discípulos, al cual Jesús amaba, estaba recostado
al lado de Jesús.
A éste, pues, hizo señas Simón Pedro, para que preguntase
quién era aquel de quien hablaba.
Él entonces, recostado cerca del pecho de Jesús, le dijo: Señor, ¿quién es?
Respondió Jesús: A quien yo diere el pan mojado, aquél es.
Y mojando el pan, lo dio a Judas Iscariote hijo de Simón.
Y después del bocado, Satanás entró en él. Entonces Jesús le dijo:
Lo que vas a hacer, hazlo más pronto.
Pero ninguno de los que estaban a la mesa entendió por qué le dijo esto.
Porque algunos pensaban, puesto que Judas tenía la bolsa, que Jesús
le decía: Compra lo que necesitamos para la fiesta; o que diese
algo a los pobres.
Cuando él, pues, hubo tomado el bocado, luego salió;
y era ya de noche.
JUAN 13:21–30

Preludio

Sigo reflexionando mientras, fuera, las rachas de viento expolian las buganvillas, hacen doblarse a los árboles, estremecen los cristales y bambolean el mundo. Judas y mi confidente de anteayer son el motivo de mi cavilación. Judas no es un nombre "bien sonante". Conocí a un matrimonio que entró en una severa crisis porque uno de ellos quería llamar Judas a su hijo y el otro no quería ni oír hablar de tal posibilidad. Y es que hemos acuñado ese nombre como sinónimo de traidor. Ya Einstein afirmó que es más difícil romper un prejuicio que un átomo.

En realidad, Judas es la forma griega del hebreo Judá, que significa: "Agradezco a Dios o reconozco a Dios". Un bellísimo sentido que ha sido fulminado por la felonía del Iscariote. Alguien dijo de él que "había sido amado lo suficiente como para que su traición fuera imperdonable" y añadió: Judas es el hombre cuyas lágrimas no deberían jamás suscitar piedad".

Te invito a que nos aproximemos juntos a este escenario. Lo observaremos con tres enfoques distintos: miraremos a Judas, luego al grupo de discípulos y finalmente a Jesús. Miremos a Judas; muchas veces he pensado qué le diría en caso de que pudiera darse una imposible conversación. No es posible entrevistarlo, salvo en la fantasía; permíteme que imagine: míralo; se le nota angustiado. Se parece a un futuro padre, devorador de cigarrillos, que da cortas y balbuceantes vueltas ante la puerta del quirófano donde da a luz su esposa; su única esperanza es que le digan que todo va bien, pero para Judas no queda esa esperanza. Nadie le dirá que todo va bien, porque la realidad es, y él lo sabe, que todo va mal.

–¿Qué te pasó, Judas? –Le pregunto–. ¿Cómo llegaste a esta situación?

–La codicia tumbó mis defensas –admite–. Primero fue una debilidad, que a fuerza de alimentarla se convirtió en pasión incontrolable. Era el tesorero del grupo y, de tiempo en tiempo, hurté de la bolsa. La primera vez que lo hice, sentí terror: mantuve dentro de mi puño las monedas sustraídas mientras, con los ojos cerrados, esperé el juicio del cielo en forma de fuego, pero las llamas no llegaron. Las siguientes veces ya no experimenté pánico, solo una gran incomodidad; pero a la décima ocasión, lo que noté fue indiferencia, y a partir de ahí pura codicia –agacha la cabeza con gesto de vergüenza mientras continúa su confesión–: necesitaba seguir haciéndolo. Una vez rota la barrera de la integridad, el monstruo estaba suelto y pasar a cosas mayores resultó sencillo.

–¿Nunca pensaste en confesar, arrepentirte y cambiar?

–Mil veces –asiente con la cabeza en un movimiento leve y teñido de tristeza–. Recuerdo cuando, en casa de Simón el leproso, vi a María acercarse a Jesús y quebrar un vaso de alabastro que contenía un perfume carísimo para ungir con él los pies del Maestro. Al sentir con qué hondura repudiaba lo que consideré un despilfarro, comprendí que la codicia se había adueñado de mí. La posesión de la bolsa me confería poder. El poder corrompe, y el poder absoluto corrompe absolutamente. Casi tres siglos antes, Aristóteles había dicho: "Considero más valiente al que conquista sus deseos que al que conquista a sus enemigos, ya que la victoria más dura es la victoria sobre uno mismo". ¡Qué verdad tan grande! –de nuevo asiente con la cabeza–. Yo perdí esa batalla y, derrotado en ella, perdí la guerra.

–Y luego llegó la oportunidad de ganar dinero con Jesús.

–Era la ocasión de ganar en unos minutos el salario de un mes: treinta denarios de plata solo por entregar al Maestro.

–¿Y sigues considerando que fue bastante dinero? –en mi mente calculo que hoy sería el equivalente a percibir dos mil euros por consumar una traición–. ¿Te parece una cantidad suficiente?

–¡Claro que no! ¿Por traicionar a Jesús? –niega con la cabeza, moviendo la barbilla de hombro a hombro–. ¡Por supuesto que no! ¿Treinta piezas de plata por entregar al Maestro? ¡Ese era el precio que se pagaba como indemnización por un esclavo al que hubieras matado accidentalmente! ¡Vendí a Jesús al precio de un esclavo! Ahora lo veo claro, pero en aquel momento me cegaba la codicia.

–Y Él, a cambio, te llamó "amigo".

–Yo lo besé –recuerda–, él me miró y me llamó "amigo". Nunca una mirada penetró tan hondo ni una palabra contuvo tantos mensajes. El eco de su voz me acompañó terco y constante. Cerraba mis ojos y lo veía mirándome con amor –y los cierra ahora, recordando–. Esa noche, en el intento de dormir tapé mis oídos, pero aún así lo escuchaba: "Amigo", me decía. Antes del amanecer corrí al templo a devolver las monedas.

–Pero ya no las quisieron –recordé.

–Estaban manchadas de traición y sabían que cada uno de esos denarios terminaría chorreando sangre. No servían para el presupuesto del templo.

–Con ellas se compró un terreno, ¿lo sabías?

–El Aceldama –replica con tono neutro–, "campo de sangre", llamado así por la arena rojiza que de allí se extraía. También lo conocen como "campo del alfarero" porque esa arcilla roja es ideal para que moldeen los artesanos del barro.

–Y finalmente allí se construyó un cementerio para extranjeros.

–Era imposible darle otro uso. Ese lugar solo podía albergar muerte, y ni siquiera los restos de un judío debían reposar allí, únicamente extranjeros. Solo muerte podía hospedar –lo repite casi mecánicamente–. El fruto de traicionar a Jesús siempre es muerte.

Pareciera que nuestra conversación ha terminado, pero de improviso me mira y sus labios vuelven a moverse:

–Satanás le dio a Adán un fruto y a cambio le quitó el paraíso –su voz destila nostalgia, pero lleva convicción–. En las tentaciones nunca deberíamos considerar lo que se nos ofrece, sino lo que perderemos. El bazar del infierno vende sus productos carísimos, aunque en principio nos parezcan atractivas ofertas.

Miremos a los compañeros de Judas: Y los compañeros de Judas, ¿cómo trataron a su amigo? ¿Cómo llegó Judas a estar solo, sumido en la noche de su alma? Hay una parte que solo puede responder él mismo. Pero ¿y sus compañeros? ¿Se olvidaron de cuidarle? ¿Estaban demasiado ocupados buscando lo suyo? ¿Acaso no codiciaba cada uno el primer puesto? Soñaban con lugares de preferencia y privilegio.

¿No es cierto que se pasaban un buen tiempo discutiendo quién de ellos sería el primero? ¿Acaso no había recurrido alguno a que su propia madre intercediera, pidiéndole al Señor una recomendación para sus hijos? Cuando el amor se convierte en egocentrismo, el enemigo tiene vía libre. Cuando el amor se convierte en desertor, el enemigo triunfa.

Judas salió del cenáculo y se perdió entre las sombras de la noche. ¿Qué hicieron sus compañeros? Se quedaron tranquilamente en sus sitios. Ninguno se movió para salir en busca de Judas. Los caminos que habían recorrido juntos y las experiencias que juntos habían tenido, no parecieron dejar mucha huella en sus corazones. Creo que a Jesús le hubiera gustado ver a Pedro levantarse y salir en la noche en busca de su compañero. Pero no fue así. Ni el impulsivo Pedro, ni ninguno de los otros dejó su sitio a la mesa. Todos traicionaron al traidor. Se quedaron en el aposento alto haciendo la digestión.

Definitivamente es cierto que mucho más dolorosas que las palabras de los enemigos, es el silencio de los amigos. Miro al grupo de discípulos repantigados en la mesa, y resuena en mi mente la triste nota de mi confidente: "Me castigaron con el silencio. Mi teléfono enmudeció. La ley del hielo". El que está a gusto y caliente rara vez se acuerda de quienes se encuentran a la intemperie. Traicionamos al amor cuando no salimos de nosotros mismos. Y esa traición produce sopor, pereza y sueño.

Poco después de la cena de la Pascua, los observamos dormidos profundamente en el huerto de Getsemaní mientras Jesús ora y suda gotas de sangre. El sueño de los discípulos en el huerto de Getsemaní es el sopor que produce la digestión de la apatía. Comenzamos por ser indiferentes con los compañeros de camino y acabamos siéndolo con nuestro querido Señor. ¡Cuánto le hubiera gustado a Jesús que Pedro saliera tras de Judas! ¡O quizá Juan! Algunos escuchan mejor al más joven, pero Pedro pensaba en sí mismo, mientras Juan estaba muy cómodo recostado sobre el pecho de Jesús. Tanto Pedro como Juan –representantes de la impetuosidad y de la juventud, respectivamente– hubieran alcanzado fácilmente a Judas, y quizá le habrían podido reconvenir y convencer para que volviera al Maestro que le llamaba "amigo".

¿Te imaginas cómo habría sido la historia si todos hubieran salido tras Judas? ¿Cómo hubiera él podido eludir el amor de los once? ¿Acaso piensas que Judas no habría entregado a Jesús y este no hubiera muerto cumpliendo la profecía?
No. Yo no pienso así. Yo creo que, entonces, probablemente se habrían levantado doce cruces más sobre el Calvario. Sí, posiblemente Jesús no hubiera muerto tan solo.

Pero lo que verdaderamente estoy tratando de advertir es que se nos escapan fácilmente los compañeros porque preferimos estar al abrigo y seguros, en vez de salir a la "noche". Murmuramos y criticamos a los que se enfrían, a quienes se distancian y caen, pero rara vez nos levantamos como un solo hombre para arropar al perdido, al enfriado, al herido, al huido; incluso, al traidor. Y así, el "campo de sangre" es cada vez más amplio, mientras el bendito Maestro sigue esperando que alguno de los "suyos" se levante y salga, en mitad de la noche, en busca del perdido, incluso del traidor, a quien Jesús sigue llamando "amigo".

Miremos ahora a Jesús. Observarás que la actitud de quien más sufrió a causa de aquella traición fue muy diferente. En el mismo instante en que Judas consumaba su traición, Jesús, el traicionado, lo llama de una forma que rompe todos mis esquemas: "Mientras [Jesús] todavía hablaba, vino Judas, uno de los doce, y con él mucha gente con espadas y palos, de parte de los principales sacerdotes y de los ancianos del pueblo. Y [Judas] el que le entregaba, les había dado señal, diciendo: 'Al que yo besare, ése es; prendedle'. Y enseguida se acercó [Judas] a Jesús y dijo: '¡Salve, Maestro!' Y le besó. Y Jesús le dijo: 'Amigo, ¿a qué vienes?' Entonces se acercaron y echaron mano a Jesús, y le prendieron" (Mateo 26:47–50).

Judas traiciona a Jesús y Jesús lo llama amigo. Cuesta admitirlo ¡¿Judas, el "amigo" de Jesús?! Conviene saber que hay dos palabras principales que en la Biblia se traducen como amigo: una aparece centenares de veces y se refiere a cualquier persona con la que tienes relación. La otra, se utiliza solo ciento ochenta y siete veces, y siempre se refiere a una amistad profunda e intensa. Se usa, incluso, para referirse al marido o a la persona a la que más amas. Mira este ejemplo: "Su paladar dulcísimo, y todo él codiciable. Tal es mi amado, tal es mi amigo" (Cantares 5:16).

La palabra que esa noche Jesús dirige a quien lo está traicionando es el equivalente griego de esa palabra hebrea. Amor a cambio de traición, amor a fondo, perdido. Un amor tan extravagante como difícil de entender, y es que tal vez el auténtico amor sea así, incomprendido e incomprensible.

Tal vez por eso Dios es definido como amor –el mismo Juan que recostó su cabeza esa noche en el pecho de Jesús, afirmó tiempo después: "Dios es amor (1 JUAN 4:7), porque el amor es tan incomprensible como indescriptible. A Dios no se le puede describir, porque no es descriptible; si nos cupiese dentro de la razón no sería Dios".

Hubo un tiempo en que ese texto donde Jesús llama "amigo" a quien lo entrega me escandalizaba, pero hace ya bastante que dejó de hacerlo; al contrario, me llena de consuelo escuchar a Jesús llamar "amigo" a quien acaba de traicionarlo. ¿La razón? También yo fui desleal muchas veces. Yo también lo defraudé. Todos los apóstoles tenían conciencia de poder ser ellos el traidor: "Uno de vosotros me va a entregar[…]. Entristecidos en gran manera, comenzó cada uno de ellos a decirle: '¿Soy yo, Señor?"(MATEO 26:21–22).

Es cierto que todos los apóstoles se dirigieron a Jesús preguntando: "¿Soy yo, Señor?", excepto Judas, que le preguntó: "¿Soy yo, Maestro?" –también al besarlo, cuando consumaba la traición le dijo: "Salve, maestro"–. Eso denota que reconocía a Jesús como Rabí, pero nunca admitió su señorío. Aceptaba su capacidad, pero rechazaba su autoridad. Maestro, pero no Señor.

Sin embargo, la inseguridad de los apóstoles es evidente. Seguramente cada uno pensó en algún pecado oculto, o en alguna actitud vergonzosa en un recoveco de su alma. Todos tenían esqueletos en el armario. Cada uno tenía por lo menos un cadáver en el sótano de su vida. Cada uno, sin excepción, era consciente de su capacidad como para ser mil y una veces traidor.

"Respondió Jesús: 'A quien yo diere el pan mojado, aquél es'. Y mojando el pan, lo dio a Judas Iscariote hijo de Simón […]. Cuando (Judas), pues, hubo tomado el bocado, luego salió; y era ya de noche" (JUAN 13:26, 30)=. Que el anfitrión entregase el pan mojado a alguien era signo de la máxima distinción. Representaba una oferta abierta de amistad. Jesús, que conocía perfectamente las intenciones de Judas, está dándole una oportunidad más. Una mano tendida hacia quien se balancea al borde del precipicio. Pero Judas rechaza esa mano. "Cuando llegó la noche, [Jesús] se sentó a la mesa con los doce" (Mateo 26:20). "Cuando, pues, [Judas] hubo tomado el bocado, salió; y era de noche". Dos formas de pasar la noche: a la mesa, con Jesús, o a la intemperie, lejos de Él.

Judas rechazó el asiento junto a Jesús y salió a la intemperie. "[...] salió; y era de noche". Siempre será de noche cuando dejemos lejos a Jesús. Hasta el último instante antes de la traición, Jesús tendió su mano amiga a Judas. En el momento mismo en que consumaba la felonía, Jesús siguió mostrándole ese amor incondicional. "Plenitud no consiste en tener mucho de todo –quiso decirle Jesús con la mirada–, sino lo suficiente de aquello que de verdad te importa: amor, mi amor". Judas lo rechazó.

Pienso en mi confidente que quería marcar distancia de la iglesia y pienso también en mí mismo. No nos faltan orgullo; ni impurezas, incredulidad, desconfianza. "Soy yo, Señor?" "¿Soy yo, Maestro?" Sí, soy yo. Jesús fue arrestado y crucificado por mi pecado. No fue solo la traición de Judas lo que condujo a Jesús al Gólgota. Fue mi pecado, nuestro pecado.

Los treinta denarios que sonaron en la bolsa del traidor también resuenan en mis bolsillos. Sigo con el rostro pegado al cristal, el viento se ha apaciguado, pero unas gotas se deslizan por el vidrio. ¿Llueve? Sí, pero no es sobre los cristales, sino en mis ojos donde llueve. Una lluvia suave y pacífica que brota al comprobar una vez más que, frente a un mar de culpabilidad, Él sigue abriendo mil océanos de Gracia.

Los compañeros de Judas no son perfectos, y tampoco yo lo soy. Pero ni ellos ni yo necesitamos ser perfectos, porque Su amor ya lo es. Ante mi imperfecta lealtad se alza su perfecta Gracia.

El néctar de la reflexión

Solo fue una debilidad que, a fuerza de alimentarla, se convirtió en pasión incontrolable. Rota la barrera de la integridad, el monstruo quedó libre; entonces pasar a cosas peores resultó sencillo.

Un fruto le dio Satanás a Adán y a cambio le quitó el paraíso. En las tentaciones nunca deberíamos considerar lo que ganaremos sino lo que perderemos.

Bendito el que se aventura en medio de la noche para buscar al compañero. Creo que a Jesús le hubiera gustado ver a Pedro levantarse y salir en busca de Judas. ¿Os imagináis si todos hubieran salido tras Judas? ¿Cómo hubiera podido eludir el amor de los once?

¿Acaso piensas que Judas no habría entregado a Jesús y este no hubiera muerto cumpliendo la profecía? No, yo no pienso así. Creo que, entonces, probablemente se habrían levantado doce cruces más sobre el Calvario. Sí, posiblemente Jesús no habría muerto tan solo.

Los discípulos durmieron en el huerto de Getsemaní; es el sopor que produce la digestión de la apatía. Comenzamos por ser indiferentes con los compañeros de camino y acabamos siéndolo con nuestro querido Señor.

Interiormente me escandalizaba al leer que Jesús llamó "amigo" a quien lo entregaba, pero hace ya bastante que dejé de molestarme; al contrario, ahora me llena de consuelo escuchar a Jesús llamar "amigo" a quien acaba de traicionarlo. ¿La razón? También yo fui desleal muchas veces. Yo también lo defraudé.

Mientras Judas consumaba la felonía, Jesús siguió mostrándole amor incondicional. Plenitud no consiste en tener mucho de todo, sino lo suficiente de aquello que de verdad importa: amor.

El bendito Maestro sigue esperando que alguno de los "suyos" se levante y salga, en mitad de la noche, en busca del perdido, incluso del traidor, a quien Jesús sigue llamando "amigo".

LA MUJER SORPRENDIDA EN ADULTERIO

Preludio

Ayer, mientras la oscuridad disponía con sigilo su recado diario sobre los muebles del salón, yo, serenamente, depositaba en los folios todo el sentimiento y corazón que hasta el próximo año el mundo no leerá. Cada vez que me encierro a escribir –no encuentro mejor forma para describir el aislamiento que requiero durante la creación literaria– confirmo que es un acto de fe. Una siembra de tinta que será incubada el tiempo suficiente al calor del alma para, llegado el momento, obtener una cosecha de frases que, quiéralo Dios, llevarán consuelo y esperanza a quienes las lean.

Mientras trazo líneas y anoto ideas, me inspira la frágil luz que, moviendo sus manos, dice adiós tras la ventana. Siempre he preferido el amanecer, pero también el crepúsculo es un escenario favorable porque corre el telón, o lo desploma con un sordo retumbo, y nos deja pensar, y aproxima recuerdos del ayer y anhelos del mañana.

La escena a la que hoy me trasladé tiene rasgos muy particulares, pues conjuga los extremos más antagónicos de las emociones humanas: en un mismo cuadro se dan cita la crueldad y la ternura; el fanatismo y la ecuanimidad; el odio y el amor.

Déjame que te sitúe: Jesús se fue al monte de los Olivos. Y por la mañana volvió al templo, y todo el pueblo vino a él; y sentado, les enseñaba [esta escena se narra en JUAN 8:1]. ¿Puedes observar lo que se describe? El día está despuntando, la temperatura es fresca todavía, pero el monte de los Olivos muestra mil signos de vida. Con el primer rayo de Sol, cientos de aves se atusaron las alas, se sacudieron y se echaron en brazos de la vida, llenando los inmensos olivares con trinos enloquecidos. Las flores se desperezan y se desenrollan desde el botón redondeado; los árboles levantan la frente más dignos que los hombres, mientras pequeños animales comienzan a cumplir con suficiencia su función.

Jesús, que apenas descabezó un breve sueño bajo el cielo raso, va descendiendo del monte por el camino de tierra que ya es para él ruta acostumbrada. En aquella ladera tiene, a la vez, su cuartel general y su altar de comunión con Dios. Allí pasó la noche en oración y ahora se dirige al templo: de la intimidad a la actividad. Sabe que es necesario el equilibrio y la proporción. Siempre dirige palabras al Creador antes que a las criaturas; escucha a su Padre para luego oír a sus hermanos y eso marca una clara diferencia y llena de autoridad y armonía su ministerio.

Con esas firmes prioridades, Jesús intenta dejar un referente a las próximas generaciones, para quienes como él busquen pastorear corazones. Que todos entiendan que el secreto está en el secreto; en el secreto de la intimidad. Las iglesias no vivirán de lo que sus pastores hablen, vivirán de lo que sus pastores escuchen, de aquello que oigan en la íntima conversación con Dios; de eso vivirán las iglesias, y de eso vive él: "Mi alimento consiste en hacer la voluntad de Dios, quien me envió, y en terminar su obra" (Juan 4:34, NTV). En la quietud de ese monte discierne esa voluntad, y el Padre le traza un mapa hacia el corazón de las personas.

Llegó Jesús a las inmediaciones del templo y apenas pone un pie en el atrio, es rodeado por aquellos que buscan sus enseñanzas. Ha descendido del monte de la comunión, y eso deja huellas que las personas pueden observar y seguir. El ser humano sabe detectar las fuentes de la genuina autoridad, el paladar del alma distingue el sabor de la buena enseñanza. Es fácil discernir cuando un buen orador es también un buen orante, porque el aroma de Dios no pasa desapercibido. Hablar bien es un talento, pero ser emisario del cielo es un don altísimo que solo se adquiere con la divisa de la intimidad, con noches y días en el monte de los Olivos.

Mira ahora a Jesús, sentado enseña. Durante la noche habló con Dios acerca de los hombres, y ahora está hablando con los hombres acerca de Dios. Observa la paz quebrada; la respetuosa atención que le dispensan es alterada por un tumulto que repentinamente interrumpe la enseñanza y rompe en mil pedazos la quietud que predominaba en la plaza del templo. Una turba se aproxima, se escuchan voces airadas y gritos de indignación. La comitiva llega junto a Jesús y dos personas, cuyo atuendo sugiere que son dignatarios religiosos, sueltan los brazos de una mujer a la que casi arrastraban. Esta se desploma en el centro de la escena y los jerarcas de la iglesia vomitan sobre ella acusaciones y amenazas. Un grito silencia a los demás: "¡Es una adultera! ¡La ley dice que debe morir apedreada!".

Mira a esa mujer. ¿Puedes verla? Observa el gesto de terror con que contempla a quienes le gritan. ¿Puedes ver su cara, hermosa y descompuesta? Tiene heladas las manos –el terror congela–, estremecidas las comisuras de los labios cubiertos de carmín, extrañamente altos los pómulos, sobre los que la mirada, aterrada, resbala desde los párpados pintados de azul. Las lágrimas, teñidas con el negro del tinte que maquillaba sus pestañas, dejan surcos de dolor en sus mejillas.

Es muy bonita y está destruida. Iba preparada para un encuentro furtivo con su amante y no para una cita con la muerte. El gesto de Jesús es indescriptible: un rictus de inmenso pesar da expresión a su rostro. Infiero que lo que le entristece y crispa a un tiempo es ver que los adalides de la justicia sean capaces de convertir la vida de una presunta tentadora, en objeto de tentación contra él. Muchos de ellos son escribas, transcriptores e intérpretes de la ley; también hay fariseos, defensores a ultranza de la misma, pero Jesús percibe que aquel circo siniestro no tiene que ver con la ley o la moral, ni siquiera con la ética; su único objetivo es destruir la reputación de Jesús. Ellos podrían poner en marcha la maquinaria de la ejecución sin contar con su consenso. ¿Por qué lo implican en esa quimera?

Porque es a él a quien quieren capturar y no les importa cebar su anzuelo con una vida. El recurso de quienes no pueden edificar es destruir, y eso es lo que ellos buscan. La mirada de Jesús recorre al grupo; tal vez está buscando al hombre implicado en aquel acto de inmoralidad que someten a su juicio. ¿No hay un adúltero implicado en el caso? ¿Quebrantó la ley ella sola? En un adulterio siempre hay dos partícipes., al menos dos, ¿dónde está él segundo? Solo a la mujer acusan.

¿Te diste cuenta? La mirada de Jesús se ha posado en los ojos de aquellos hombres: hay dureza inquisidora en sus miradas. De los rostros desciende a las manos, muchos ya manosean las piedras, recorren con sus dedos las aristas punzantes de las pequeñas rocas. Las seleccionaron cuidadosamente, buscaron proyectiles letales y están ávidos de arrojarlos contra la desdichada que, mirando al suelo, gime.

El día en que Jesús se hizo escritor

Hastiado de odio y rencor, Jesús agachó el rostro y con su dedo índice comenzó a trazar letras en la tierra. ¿Qué escribe? Quizá buceó en la historia de esos verdugos –para él no es difícil conocer las biografías con un golpe de vista–, y registra sobre el suelo las incontables imputaciones que pesan sobre cada uno de ellos y que les harían merecedores de ocupar el lugar de la mujer caída. No lo afirmo, lo supongo.

Pudiera ser también que esté escribiendo la sentencia divina pronunciada por el profeta Jeremías: "¡Oh Jehová, esperanza de Israel! todos los que te dejan serán avergonzados; y los que se apartan de mí serán escritos en la tierra, porque dejaron a Jehová, manantial de aguas vivas" (JEREMÍAS 17:13). También es posible que trace sobre la tierra las palabras que Dios dirigió a su pueblo: "No te concertarás con el pecador para testimoniar en favor de una injusticia" (ÉXODO 23:1b).Y –esta es mi opción preferida– ¿por qué no una declaración de gracia para el pecador arrepentido? Como lo sugiere (ÉXODO 31:18) Dios, en el monte Sinaí, sobre tablas de piedra y utilizando su dedo a modo de cincel, esculpió la ley. Ahora, Dios hecho hombre, redactó con su dedo un salvoconducto de gracia para quien, habiendo quebrantado esa ley, se arrepiente de corazón.

¿Será eso lo que escribe? En realidad, no sé qué redacta; no alcanzo a ver y, por tanto, cualquier cosa que diga solo es mera conjetura. ¡Espera! ¡Ahora increpan a Jesús! Le apremian a que dicte una sentencia. Jesús alza la mirada, ¡creo que dirá algo!

–El que de vosotros esté sin pecado sea el primero en arrojar la piedra contra ella.

¡Uf! Casi lo ha susurrado. Ellos gritan, pero Jesús habla. Levanta sus palabras, no su voz. No es preciso subir el volumen, sino mejorar el argumento. Sabe que es la lluvia la que hace crecer las hojas, no el trueno. ¿Ves los rostros de las personas? Hay desconcierto y perplejidad mal disimulada. Nadie esperaba ese veredicto. No es un dictamen exculpatorio para la mujer, pero resulta inculpatorio para quienes la acusan.

Jesús no esquiva la ley, al contrario, la refrenda. Es la propia ley la que establece que para acusar a alguien se precisa de al menos tres testigos, pero el decreto estipula que estos deben ser de impecable testimonio y moral intachable, de lo contrario, su acusación será desoída y el reo exculpado.

–¿Son intachables? –los cuestiona Jesús–. ¿Hay entre ustedes alguno de moral impecable? ¡Entonces, adelante! ¡Comiencen la inmolación!

Dicho lo anterior, vuelve a inclinarse sobre la tierra. Su dedo reanuda la escritura, mientras sus palabras reverberan en las conciencias. Un encuentro con Jesús elimina nuestras ganas de juicio. Uno tras otro doblega la cerviz, miran sus manos y separan los dedos dejando caer las pequeñas rocas que sostenían. Leves retumbos se escuchan cuando las piedras chocan contra el suelo. No sobre la acusada, sino a los pies de quienes la inculpaban.

Los jueces son llamados a juicio. Los inquisidores siendo redargüidos por su propia conciencia. Fíjate que Jesús no acusó a nadie: "Pero ellos, al oír esto, acusados por su conciencia, salían uno a uno, comenzando desde los más viejos hasta los postreros". ¿Ves? El tribunal se está disolviendo. Uno tras otro se aleja. Primero se retiran los más longevos, tienen más carga acumulada en su conciencia y hay más esqueletos en su armario. Pero tras sus huellas pisan los más jóvenes, poniendo también distancia del patíbulo. ¡Todos se han ido! ¡Nadie está libre de pecado! Ninguno tiene autoridad moral para descargar las piedras sobre la mujer, ni sobre nadie. Ni antes, ni tampoco ahora.

Paz restaurada. ¿Puedes verlo? Jesús está dialogando brevemente con la acusada, no hay juicio en su mirada, solo compasión y misericordia en estado puro. Él le sonríe y la mujer responde con un tímido gesto que deja ver una sutil sonrisa. Luego se levanta y corre. Tiene el rostro aún bañado en lágrimas, pero bajo la humedad que escurre en las comisuras de sus labios, se dibuja una sonrisa ahora completa que semeja a un arco iris. Su ropa está desgarrada por la violencia de sus acusadores, pero su alma, también hecha jirones hace un instante, ha sido sanada y suturada con el hilo de oro del perdón.

¡Cómo quisiera correr hacia ella y preguntarle tantas cosas! Compartirle que yo también he caído muchas veces y sentido el peso del juicio, de los otros y del propio –que es el peor–; pero me alcanzó, también a mí, la misericordia de Aquel que a fuerza de amar convierte las ruinas en palacios y los escombros en obras de arte. De haber podido conversar con ella, nuestro intercambio podría haber discurrido así:

–Hola, mujer. Disculpa, pero no sé tu nombre.

–Casi nadie lo conoce –admite–. Prefieren nombrarme por un estigma: para unos soy "la infiel", para otros "la amancebada", para muchos "la mujer sin honra" y para la mayoría "la adúltera".

–Veo que eres consciente del título con el que has pasado a la historia. ¿Qué sientes al ser recordada como una "sin nombre", cuya identidad es un título estigmatizado?

–No es algo que hubiera querido, pero hace mucho lo acepté y dejé de luchar contra ello. Frente a batallas externas es mejor proveerse de defensas internas. Hay causas en las que ya no me corresponde implicarme y abandoné la necesidad de reivindicarme. ¿La mujer adúltera? Sé que esa clasificación no me representa y ahora ya es suficiente para mí.

–¿Quieres decir que no cometiste adulterio?

–Digo que no soy la mujer adúltera. Adulteré, es cierto, como también lo es que me arrepentí honestamente y de corazón. Dios me perdonó y, finamente, logré también perdonarme. Existe demasiada gente experta en etiquetar. Si te sorprenden en una mentira, te llaman mentiroso; si hurtas una vez, te convierten en ladrón. Solo hay una etiqueta que legítimamente me corresponde: soy pecadora. Pero cada piedra que cayó a mi lado, en vez de hacerlo sobre mí, gritaba a los cuatro vientos que sobre ese apelativo Él inscribió otro que, con rojo relumbrante, dice: "redimida". Frente a grandes pecadores, Jesús se alza como el Gran Redentor.

–Buscaban apedrearte. ¿Eras consciente del tipo de muerte al que te enfrentabas?

–Lo era, y me aterraba. Sé cómo es una lapidación y los detalles sanguinarios de su ejecución: los asistentes lanzan piedras contra el acusado hasta matarlo, pero como una persona puede soportar fuertes golpes sin perder el conocimiento, es una muerte lenta que provoca gran sufrimiento.

–¿Presenciaste alguna ejecución por lapidación?

–Casi todos lo hemos hecho, pues se llevan a cabo en lugares públicos y concurridos, con el objetivo de ser aleccionas: un castigo ejemplar.

–Debe ser un espectáculo estremecedor –digo una obviedad.

–La lapidación se lleva a cabo estando la víctima cubierta completamente con una tela –no se lo he pedido y no estoy seguro de querer escucharlo, pero temo que me dará una descripción pormenorizada de la cruel ejecución–, de ese modo no se aprecian los horrorosos efectos de las piedras en el cuerpo de la víctima, aunque pronto la tela se empapa de sangre y se desgarra a causa de las aristas de los cantos y guijarros. Los hombres son enterrados hasta la cintura y las mujeres hasta el pecho.

–Imagino que usarán piedras grandes para acelerar la muerte.

–Eso sería un gesto humanitario; acelerar la muerte implicaría acortar el sufrimiento, y la misericordia no tiene cabida en esos tribunales de justicia. No cualquier piedra es admitida: se calibran una a una; no pueden ser tan grandes como para matar a la persona de una o dos pedradas, ni tan pequeñas que no puedan calificarse de piedras. Todo ello busca la muerte lenta y el mayor sufrimiento.

–Los hombres enterrados hasta la cintura, dices, ¿significa eso que también los hombres sufrían esa forma de ejecución?

–Sé por qué lo preguntas –sonríe–. Jesús también se preguntaba dónde estaba el hombre implicado en mi adulterio, y por qué a él no lo trajeron acusado. Ocho de cada diez personas lapidadas son mujeres. Es mucho más fácil pues no tenemos acceso a la educación lo cual complica nuestra defensa. No se nos concede representación ni apoyo legal y nuestro testimonio tiene un diez por ciento del valor que el de un hombre. Muchas mujeres que fueron forzadas sexualmente y pretendieron denunciarlo resultaron acusadas de adulterio y lapidadas.

–¿No volviste a practicar ese pecado?

–¿A qué te refieres?

–Tras aquel incidente en el que casi resultas lapidada, ¿volviste a adulterar?

–Por supuesto que no.

–¿Significa que medidas tan coercitivas tienen efectividad? –apenas lo he pronunciado me doy cuenta de que acabo de decir un disparate–. Perdona, no quiero que pienses que comparto ese tipo de castigos. No los veo justificados, en absoluto.

–Las piedras no me convencieron de mi pecado –responde con calma, ignorando mi impertinencia–. Ni una de ellas, ni todas juntas. Fue su mirada.

–¿Perdón?

–La mirada de Jesús penetró por mis ojos y me horadó el alma. Fue un disparo al corazón, pero a diferencia de las piedras, no lo hirió, sino que lo llenó de vida.

–¿Estás diciéndome que su mirada te habló?

–Me dijo mil cosas, a cual más renovadora. Por primera vez me supe amada y no solo deseada. *No seas lo que te hicieron,* pareció decirme, *eres mucho más que un mal recuerdo.* Sentí que eso era amar: ser con alguien y no de alguien. Otros habían puesto sobre mi cuerpo su título de propiedad, Jesús ponía en mi vida el título de amada, restaurada y redimida.

–Entonces aquellas piedras no obraron ningún cambio en tu actitud.

–Las piedras me aterraron, pero la mirada de Jesús me convenció de que ser íntegra era mi estado ideal –adopta un gesto de ensoñación–. Nuestros ojos se encontraron solo un instante, pues yo no me atrevía a levantar la cabeza, mi cabello caía por delante, formando una cortina que impedía que me observaran y observar.

–¿Cuándo supiste que no morirías lapidada?

–Primero escuché pasos que se alejaban, uno tras otro se marchó hasta que todo quedó en silencio, pero yo mantuve el rostro hacia el suelo. Solo cuando Jesús me preguntó: "¿Ninguno te condenó?", yo me atreví a alzar la vista, fue entonces cuando descubrí que estábamos solos, él y yo. Era la oportunidad perfecta para que me hubiera increpado, acusado, reprobado, pero lo que me dijo fue: "Ni yo te condeno. Vete y no peques más". Nunca nueve palabras han contenido tanto. Una breve frase puede resumir una vida y marcar una eternidad. Ese mensaje en mi oído se tradujo como: "Eres libre, no vuelvas a esclavizarte. Te vestiste de pureza, no vuelvas a ensuciarte". Por primera vez en mucho tiempo percibí el aroma de la paz. Nunca más volví a ser la misma. Ante un mar de culpabilidad, Él abrió cien océanos de Gracia.

–¿Jesús excusó tu pecado?

–No descubrí en su amor una excusa para pecar, sino un millón de razones para no volver a hacerlo. Estar cerca de Él me atrajo irremediablemente, irresistiblemente hacia la santidad. Su amor me vacunó contra la lujuria, me enamoró de la integridad.

–Pero, entonces, ¿Jesús no consintió tu pecado?

–¡Por supuesto que no! –suena rotunda su respuesta–. No hubo concesión ni eximentes para mi pecado: "No peques más", así me dijo, y fue riguroso al decirlo. Pero las palabras me llegaron envueltas en un amor restaurador: "Yo tampoco te condeno". Cuando me dijo: "No peques más", supe que nunca más lo haría, pero su convicción era persuasiva sin ser aterradora. Renovó mi corazón sin infundirme pánico, simplemente me hizo sentir amada. No deberíamos confundir el respeto con el temor, porque a menudo infundimos lo segundo pensando que nos profesan lo primero. Ahora respeto a Jesús inmensamente, y lo amo profundamente; nunca me infundió terror, me contagió de su amor.

–¿No sientes rencor hacia el hombre que participó en el pecado y no cargó con ninguna consecuencia?

–Me han preguntado varias veces qué fue de ese hombre. Honestamente, no lo envidio, y no siento ningún rencor hacia él, ni hacia mis acusadores. En realidad, eran víctimas mucho más que verdugos; creo que proyectaron sobre mí el desprecio que se tenían a sí mismos. Siempre he pensado que si tuviéramos más respeto por nosotros mismos, acabaríamos respetando a los otros; si nos juzgáramos como es debido emitiríamos juicios más prudentes, y hasta dejaríamos de juzgar –emite una sonrisa que se me antoja limpia y pura–. Además, quisieron llevarme a la muerte, pero me acercaron a la vida. ¿Cómo voy a albergar rencor si al arrastrarme al barranco me depositaron a los pies de Jesús? De allí fui catapultada hasta su corazón. No hay lugar más seguro en el mundo. No conozco mejor espacio para vivir que no sea ese. Aquí me quedo, pegada a su costado y con su corazón como almohada.

Ahora sí, leamos el texto:

Cada uno se fue a su casa; y Jesús se fue al monte de los Olivos. Y por la mañana volvió al templo, y todo el pueblo vino a él; y sentado él, les enseñaba. Entonces los escribas y los fariseos le trajeron una mujer sorprendida en adulterio; y poniéndola en medio, le dijeron: Maestro, esta mujer ha sido sorprendida en el acto mismo de adulterio. Y en la ley nos mandó Moisés apedrear a tales mujeres. Tú, pues, ¿qué dices?

Mas esto decían tentándole, para poder acusarle. Pero Jesús, inclinado hacia el suelo, escribía en tierra con el dedo. Y como insistieran en preguntarle, se enderezó y les dijo: El que de vosotros esté sin pecado sea el primero en arrojar la piedra contra ella. E inclinándose de nuevo hacia el suelo, siguió escribiendo en tierra. Pero ellos, al oír esto, acusados por su conciencia, salían uno a uno, comenzando desde los más viejos hasta los postreros; y quedó solo Jesús, y la mujer que estaba en medio. Enderezándose Jesús, y no viendo a nadie sino a la mujer, le dijo: Mujer, ¿dónde están los que te acusaban? ¿Ninguno te condenó? Ella dijo: Ninguno, Señor. Entonces Jesús le dijo: Ni yo te condeno; vete, y no peques más.

JUAN 8:1–11

El néctar de la reflexión

Su secreto estuvo en el secreto, en el secreto de la intimidad. Lo mismo es hoy, las iglesias no viven de lo que sus pastores hablan, viven de lo que sus pastores escuchen. De aquello que oyen en la íntima conversación con Dios.

Un buen orador debe ser también un buen orante. Hablar bien es un talento, pero ser emisario del cielo es un don altísimo que solo se adquiere con la divisa de la intimidad.

Bendecido quien habiendo caído y sentido el peso del juicio de otros y del propio –que es el peor–, es alcanzado por la misericordia de Aquel que a fuerza de amar convierte las ruinas en palacios y los escombros en obras de arte.

"**L**a etiqueta que legítimamente me correspondía era *pecadora*. Pero cada piedra que no cayó sobre mí gritaba que, sobre ese apelativo, Él inscribió otro con rojo relumbrante, y que dice: *redimida*. Frente a mi gran pecado, Jesús se alza como el Gran Redentor".

Inundó mi alma con su mirada. Penetró por mis ojos y horadó mi alma. Fue un disparo al corazón, pero a diferencia de las piedras, no lo hirió, sino que lo llenó de vida.

Me supe amada por primera vez, y no solo deseada. "No seas lo que te hicieron", pareció decirme. "Eres mucho más que un mal recuerdo". Sentí que eso era amar: ser con alguien, y no de alguien.

En su amor no descubrí una excusa para pecar, sino un millón de razones para no volver a hacerlo. Estar cerca de Él me atrajo irremediablemente, e irresistiblemente también, hacia la santidad; su amor me vacunó contra la lujuria y me enamoró de la integridad.

UN HOMBRE LLENO DE LEPRA

Sucedió que estando él en una de las ciudades, se presentó un hombre lleno de lepra, el cual, viendo a Jesús, se postró con el rostro en tierra y le rogó, diciendo: Señor, si quieres, puedes limpiarme. Entonces, extendiendo él la mano, le tocó, diciendo: Quiero; sé limpio. Y al instante la lepra se fue de él.

Lucas 5:12–13

Preludio

He bajado temprano al salón, pues mi tiempo predilecto es el amanecer. Mientras los demás duermen me gusta combinar café, Biblia y adoración, y siempre percibo que esos son los minutos más productivos de la jornada. Pero hoy no he puesto aún la cafetera y la ducha no ha logrado despejarme, por lo que mis reflejos son tan lentos como los de un caracol afectado de reúma –y sé que tal patología es imposible en un gasterópodo sin huesos–. Además, todas las persianas están abatidas e impera la oscuridad, por eso no he conseguido esquivar los almohadones regados por el suelo; ni uno solo ocupa su lugar en los sillones y creo que los he pisado todos.

Al retirar el pie del blanco cojín, piso algo punzante: la aguda arista de un Ferrari de juguete acaba de hincarse en el arco de la planta de mi pie. A duras penas logro contener el quejido para no despertar a la familia y levanto una de las persianas con la intención de que la luz me deje ver si queda un metro de suelo donde pisar sin correr riesgos.

Cuando el amanecer se filtra por el vidrio, pone de relieve dos cosas: el suelo parece un sembrado de juguetes y almohadones, y los cristales tienen tantas huellas y marcas de dedos que sería un magnífico laboratorio de ensayo para estudiantes de la policía científica.

A punto de enfadarme, he caído en la cuenta de que el desastre que me rodea no es otra cosa que las secuelas que dejó a su paso el huracán que ayer sacudió nuestro hogar. Un huracán que no tiene un nombre, sino tres: Emma, Ethan y Oliver, mis nietos. Sí, ayer estuvo aquí la temible pandilla y lo que ahora contemplan mis ojos es el resultado de una magnífica jornada en la que reí y jugué como si yo fuese el más pequeño de los cuatro. Recordar las risas y carreras que llenaron la casa ha obrado de manera terapéutica en mi estado de ánimo. Mientras rememoro las felices horas, tomo asiento en el suelo, sostengo el Ferrari entre mis dedos índice y pulgar, y reflexiono.

Conozcamos al protagonista

De nuevo es él quien ocupa mi pensamiento. Llevo varios días con la historia de este hombre en mi cabeza, y estoy convencido de que él lo habría dado todo por ver el espectáculo que hoy mis ojos contemplan: un hogar desbaratado por causa de la vida. Pisar juguetes sería una bendición y ver cristales empañados por huellas infantiles supondría para él un inmenso regalo. Le creo capaz de ofrecer su mano derecha a cambio de escuchar risas y observar las carreras infantiles que ayer yo pude disfrutar. "[...] será inmundo y habitará solo; fuera del campamento será su morada", (Levítico 13:46).

Nunca Dios promulgó esas leyes con la intención de menospreciar al enfermo, sino de proteger a los sanos, pero el ser humano convirtió los preceptos en salvajes látigos de marginación. No podrá olvidar el dedo índice del sacerdote señalándolo y repitiendo la terrible sentencia: "Habitará solo, fuera del campamento será su morada". Ese fue el último día que vio de cerca a su esposa y a sus hijos. La primera jornada de una aterradora y constante soledad. ¿Llevas rato preguntándote a quién me refiero? Honestamente, desconozco su identidad. La Biblia no registra su filiación, solo su condición. Probablemente era un "sin nombre" marginado e ignorado por todos. ¿La causa? El bacilo de Hansen: lepra.

Todas las versiones que he consultado aluden únicamente a "un hombre lleno de lepra". Nadie menciona su nombre; tan solo su patología. Sin embargo, te pido la licencia de aventurar un nombre, lo llamaré Job, no solamente porque en hebreo significa "el que soporta penalidades", sino porque me resulta imposible imaginar la historia de este infortunado sin relacionarla con la del patriarca judío que lo perdió todo menos su integridad. Este hombre no padecía lepra, estaba lleno de ella. No era una patología incipiente, ni sufría síntomas iniciales. No, la infección lo cubría por completo; había deformado su rostro y destruido su cuerpo.

El bacilo de Hansen entró en Job mucho tiempo atrás y de forma subrepticia. Imposible localizar el momento, motivo o causa. Silenciosamente se expandió por su cuerpo y colonizó su organismo sin dar ninguna señal. Los síntomas tardan hasta cinco años en manifestarse y el primer aviso fue tardío: unas úlceras que asomaron en su paladar y le hacían difícil comer y hasta hablar. El solo roce de la lengua lo hacía gritar de dolor. Esas llagas incurables destruyeron primero su paladar blando, y luego devastaron el duro cebándose en el hueso. Fue el principio de la deformidad que ahora convertía su rostro en algo repulsivo. *Facies leonina*, así definían los rasgos que desfiguraban la cara de aquel a quien la lepra consumía. La pérdida del apéndice nasal, de los cartílagos de las orejas; la caída acelerada de los dientes que, al consumirse las encías, quedaban sin asidero; la ausencia total de cejas y pestañas, la deformación de los globos oculares que se rasgaban adquiriendo aspecto de felino; pero sobre todo el sinfín de nódulos lepromatosos que abultaban su rostro. Todo ello confería a su faz un aspecto repulsivo. ¿Sería entonces su horrenda apariencia y no el temor al contagio lo que hacía que la gente se alejara de él? Imaginaba a los padres persuadiendo a sus hijos a ser obedientes, o: "Vendrá el monstruo de los campos a buscaros".

Puedes cotejar diversas versiones de la Biblia y verás que todas afirman que aquel hombre suplicó a Jesús que lo limpiara. Aludió a purificación más que a sanidad. Y es que lo que hincaba más el estilete de la culpa y la daga de la vergüenza era que aquella enfermedad se consideraba castigo divino a causa del pecado. Si así era, ¿en qué terrible pecado incurrió aquel hombre?

Casi dos milenios más tarde la afección de Job recibiría el nombre de bacilo de Hansen, en honor al médico noruego Gerhard Armauer Hansen, que lo identificó en 1874. Pero no era un bacilo en aquel momento, sino un castigo, y no era Hansen, sino Dios quien se lo enviaba. Los jerarcas de la religión aseguraban que el cielo castigaba con lepra a quienes practicaban alguna forma de pecado sexual como adulterio, fornicación y promiscuidad. Un método contundente con el que la divinidad disuadía de pecar: ¿quién iba a incurrir en inmoralidad con alguien de rostro deforme y cuerpo cubierto de llagas purulentas?

Pero la realidad era otra: él jamás había faltado a su esposa. Vivía enamorado perdidamente de Judith. Desde que la conoció, siendo los dos muy jovencitos, quedó cautivo de ella. El atractivo físico de la chica mareó sus ojos, pero su belleza interior estremeció su alma. Ahora, en la soledad impuesta, recordaba con frecuencia esa tarde donde sentados con amigos y mientras estos hablaban, bajo la mesa avanzó su mano y rozó la de Judith, apenas el dorso de la de Judith, quizá también el dedo meñique. Ella no movió la cara, no lo miró, cerró los ojos y dejó la mano donde estaba. Él, no arrepentido sino respetuoso, iba a retirar la mano cuando los dos habían sentido ya la quemadura, y percibió los dedos de ella impidiéndolo.

La amaba y la ama, como también a sus hijos a los que ahora no puede ver sino desde muy lejos. Cuando el sacerdote dictaminó que era lepra lo que Job tenía, y aludió a que el Soberano lo castigaba por su inmoralidad, él juró y perjuró que jamás había sido infiel a Judith, que los labios de su esposa eran los únicos que había besado en toda su vida y que sus manos nunca habían acariciado otro cuerpo que no fuera el de ella. Supo que Judith le creyó, pudo verlo en su mirada, cada lágrima que asomó al balcón de sus párpados le gritaba: "Te creo y te amo".

También su amigo le cree. Abdiel no puede olvidar cómo hace tiempo, cuando aún la desdicha no había visitado a su amigo, este presumía de Judith: "Ella no es bonita –le dijo–. Es una palabra muy pequeña. Ella es fuerte, y sus ojos demandan atención. Mirarla es como despertar –y los ojos de Job relumbraban al afirmar–: ella fue mi amor primero y el último, y el único". Abdiel está seguro: Job no había faltado a Judith, pero ¿pensaba el resto lo mismo?

El dedo índice del sacerdote, señalando a las puertas de la ciudad, no se doblegó. No creían que él no hubiera sido desleal con su esposa. Estaban equivocados, pero seguros. Como seguros y equivocados estaban al pensar que Job debía marcharse para evitar el contagio; la presencia de ese hombre en la aldea podía ser el embrión de una plaga devastadora. Hoy sabemos –pero entonces no– que la transferencia ocurre solo cuando una persona que padece lepra y tiene, además, capacidad de trasmitirla, mantiene un contacto físico continuado durante mucho tiempo con otra persona con predisposición genética a contraerla. No todos los leprosos son transmisores de la enfermedad, aunque la tengan, y la mayoría de la población es inmune a esos bacilos, por lo que la posibilidad de contagio es ínfima, casi inexistente, pero entonces no lo sabían y pasarían siglos antes de conocerlo.

A punto de cruzar el umbral de los muros que le separarían para siempre de los suyos, se giró para verlos por última vez. Judith tenía su mano alzada en la despedida. El sol, muy alto, arrancó destellos de su rostro húmedo, empapado en el agua salada de las lágrimas. A su derecha Rubén, quien a sus diez años tendría que asumir el papel de hombre de la casa. A la izquierda Benjamín, seis años es una edad demasiado corta para saborear la orfandad de padre. Ellos también mecían su mano en la despedida. ¿Pero si papá es inocente por qué se lo llevan? Era una pregunta para la que dos cabecitas infantiles no tenían respuesta, por mucho que mamá intentara explicárselo.

El tiempo, al transcurrir, tiñó con su apatía el alma de Job, y fue lenificando sus dolores. Una llaga, no obstante, manaba todavía, gota a gota: ellos. ¡Cómo los echa de menos! Echa de menos la compañía que tuvo antes de venir a este reino austero, frío, oscuro y fiero. Las ruidosas sobremesas donde los niños a ratos reían y a menudo discutían. Extraña los paseos lentos con Judith por lugares no concurridos, hablando vaguedades sobre lo visto y no visto, pero sobre todo escuchándose en silencio. Los atardeceres de regreso en que la luz era casi húmeda y se posaba con unción sobre las manos y mejillas de ella. Añora la chimenea del invierno en que crepitaba y chisporroteaba la leña no bien seca, hacia la que tendían los dos pequeños –ya no lo son tanto–, los zapatos mojados y las manos ateridas.

Sí, Job suplicó a Jesús que lo limpiara. Imploró por purificación porque era sucio como se sentía; una suciedad que trascendía al cuerpo e impregnaba el alma. ¿Cómo podía sentirse sucio si ni por el pensamiento le pasó la idea de engañar a Judith? Incluso en oportunidades en las que no habiendo testigos pudo hacerlo, prefirió mantenerse íntegro.

"¡Apestado!". Así le gritaban. Y a fuerza de ser odiado llegó a sentirse odioso. De hecho, estaba obligado por la ley a ir gritando: "¡Impuro, impuro!". "Y el leproso en quien hubiera llaga llevará vestidos rasgados y la cabeza descubierta, y embozado deberá pregonar: '¡Soy inmundo! ¡Soy inmundo!'. Todo el tiempo que la llaga estuviere en él, será inmundo; estará impuro, y habitará solo; fuera del campamento será su morada" (Levítico 13:45–46).

Faltaba mucho tiempo para que la sociedad tolerase que, en vez de gritar el leproso, pudiera llevar una campana anunciando su contagiosa presencia. Él tenía que gritarlo, y comprobó la poderosa influencia que ejercen en nuestra mente las palabras que verbalizamos repetidamente. Le obligaban a gritar que era inmundo, y él lo creyó, lo interiorizó. Lo grabó en el disco duro de su mente. ¿Es que acaso de tanto decir una mentira llegamos a convertirla en "verdad"?

Encuentro con lo sublime

Entonces Jesús irrumpe en la escena, y, como ocurre siempre, de su mano llega la vida, y también la paz. El evangelista Mateo describe el emocionante encuentro de Job con Jesús: "[...] corrió y se postró y gritó: Señor, yo sé que si tú quieres, puedes limpiarme" (Mateo 8:2). ¿Puedes visualizarlo? Probablemente lo vio de lejos, como de lejos estaba obligado a ver a cualquier otra persona; pero decidió romper la distancia por más que eso supusiera un quebranto de la ley. La desesperación puede más que la mesura, y desesperado era como el leproso se sentía, por eso corrió. Corrió porque supo que eran muchas las posibilidades de que Jesús se alejara al detectar su infecciosa presencia. Corrió porque esa noche, de nuevo, había soñado con su esposa e hijos; la desazón de despertar y descubrirse solo mordía más fuerte que el propio bacilo de Hansen.

Perplejo descubrió que Jesús no hizo la más mínima intención de alejarse. Juraría que detuvo su lento caminar para esperarlo. ¿Estaría consciente Jesús de que se trataba de un leproso o acaso no lo sabía y por eso no tenía ni remota intención de distanciarse? Al llegar a la altura del Señor, se arrojó al suelo, quedando postrado. Su rostro casi pegado a la tierra, los pies de Jesús casi pegados a su rostro. Estaba a centímetros del Señor, pero aun así gritó: *¡Señor, yo sé que si tú quieres, puedes limpiarme!*. ¿Por qué gritaba Job? Gritó porque la desesperación es un amplificador en las cuerdas vocales. Gritó porque le dolía. Le dolía la soledad y la indiferencia humana, y la distancia; gritó porque el aislamiento social impuesto por la ley le obligaba a hablar siempre a gritos. No estaba acostumbrado a tener a nadie cerca.

Lo primero que le sorprendió fue que los pies de Jesús –única parte de él que podía ver desde su posición de caído– no se movían. El Señor no se alejó, no huyó de él, ni de su lepra. Se atrevió Job a alzar la vista, enfocó a Jesús con sus globos oculares rasgados y deformes. Jesús lo miraba. ¿Cuánto tiempo haría que el leproso no veía a alguien tan de cerca? Mucho, sin duda mucho tiempo, pero de lo que estaba seguro era de que jamás había visto unas pupilas como aquellas, en las que se conjugaban el amor, la compasión y la simpatía; todo ello matizado con extraordinarias dosis de autoridad.

El evangelista Marcos, al igual que Lucas, detalla que Jesús lo tocó. ¡Eso era impensable! ¡Una locura! Aquella enfermedad, considerada infecto contagiosa, requería distancia y aislamiento, pero el amor requiere proximidad, calor y tacto. No tocó al leproso cuando ya había dejado de serlo, sino mientras la lepra lo cubría por completo. No posó su mano en el lugar donde estuvo la llaga, fue la llaga lo que tocó. La demostración de la misericordia precedió a la manifestación de la majestad. Tomó con su mano izquierda el antebrazo del leproso y lo ayudó a levantarse. Torpemente, como una llama que oscila, se incorporó el enfermo, auxiliado por Jesús. Lo miró casi con pánico y pareció que iba a huir de él, pero entonces Jesús le sonrió sin retirar la mano, solo desplazándola hacia el hombro.

Job no sintió erizarse el vello porque carecía de él hacía años. El escalofrío no lo percibió en la piel, pues mucho tiempo atrás la enfermedad le había robado la sensibilidad mientras iba entumeciendo sus extremidades. Todas sus terminaciones nerviosas estaban destruidas por lo que no tuvo sensaciones físicas bajo la diestra del Señor, pero sintió estremecerse el alma. Era una experiencia indescriptible. ¡Jesús había posado su mano sobre él! La Biblia afirma que el Señor exclamó: "¡Claro que quiero! ¡Sé limpio!", y con el eco de esa voz reverberando en el aire, *al instante* la lepra se fue.

La colonización de su cuerpo por el bacilo de Hansen había sido progresiva, pero la restauración fue inmediata. ¡Qué bueno hubiese sido que aquel sacerdote que lo señaló estuviera presente siendo el primer testigo! Aunque seguro estoy de que luego lo supo. La muerte se fue instalando poco a poco, día a día, pero la vida irrumpió de golpe desahuciando a la muerte. La luz fulminó a las tinieblas. El amor desterró, tajante, a la amargura.

Mil veces he imaginado cómo fue esa obra: la carne reapareciendo sobre el hueso, la piel ajada y cubierta de eczema adquiriendo una tersura como jamás tuvo. Órganos que se habían desprendido, volviendo a su lugar. No fue solo una sanidad, sino un milagro creativo, y no fue solo en el cuerpo. El alma sucia fue rociada con un baño de purificación. ¡Job sonríe y grita, como antes gritó, pero ahora de júbilo! Estoy seguro de que danzó, brincó, corrió arriba y abajo. Es imposible no hacerlo bajo una inundación de gozo. ¡Es imposible no reír y llorar de alegría irrefrenable cuando uno se sabe limpio en el enorme sentido de la palabra!

¿Qué notaría Job antes, el peso de su nuevo apéndice nasal o la carga que se desprendió de su alma? ¿Percibió primero el paladar de su boca restaurado o la dulce sensación de paz en el paladar de su alma? Creo que cuando Job se incorporó del suelo miró sus manos, sus brazos, apreció la tersura de su piel, se tocó el rostro y luego miró a Jesús. No creo que tomase Job la iniciativa del abrazo, pero estoy seguro que tras las alborozadas carreras y gritos, se abrazaron. Job no recordaba ya cómo se hacía eso, pero viendo abiertos los brazos de Jesús se zambulló en ellos y allí, en el abrazo, se consumó la obra. La boca de la herida se cerró definitivamente, y un baño de paz diluyó por completo la costra de la amargura.

¡Míralo! Ahora corre y corre y corre rumbo a los muros de la ciudad que se recortan en un horizonte cada vez más próximo. Nadie le conoce al cruzar la puerta; su rostro, ahora terso y limpio, solo muestra la humedad del sudor que se escurre hasta gotear sobre la túnica raída. Es la ropa lo único que se mantiene destrozado, el resto es maravillosamente nuevo. Por fin ve a lo lejos el perfil de su casa. ¡No! ¡Casa no! ¡Es su hogar! ¡Vuela hacia su hogar!

Se detiene un instante al ver, todavía a lo lejos, cómo en el pequeño campo de cultivo hay dos hombrecitos trabajando la tierra. ¡Son sus hijos! Hace visera con la mano, amusga los ojos y alcanza a distinguir, a través de la ventana sin cristal, la silueta de ella. Seguramente está cocinando el almuerzo. Ver a sus hijos y correr de nuevo es un regalo. Se detiene cuando respirar se le hace imposible a causa del agotamiento y del llanto convulsionado que lo sacude. Cae al suelo, extenuado. El más pequeño de los agricultores ve al hombre desplomarse y le grita al otro hortelano:

–¡Rubén! –le dice– ¡ese hombre necesita ayuda!

–¡Vamos, Benjamin! –grita su hermano–. Veamos si podemos ayudarlo.

Cuando llegan junto a él y ven su rostro, se frotan los ojos antes de volver a mirarlo. Es imposible que sea él.

–¡Rubén, Benjamín, hijos!

Mudos de asombro y de conmoción, se dejan caer sobre el pecho del padre y lo abrazan. Judith ve la extraña escena del otro lado de la ventana, e identificando a sus hijos corre hacia ellos, muy preocupada. ¿Quién será ese hombre? ¿Tan renovado está que ni su propia esposa logra reconocerlo?

El sol está bien alto y arroja sus saetas sobre la escena en la que un hogar destruido vuelve a rehacerse. El bacilo de Hansen no solo había devastado un cuerpo, también una familia. El toque de la diestra del Señor no solo ha sanado a Job, también tomó las ruinas de un hogar y las ha convertido en un palacio. Son ahora cuatro las almas restauradas. Jesús, con hilo de oro, ha suturado sus corazones desgarrados que vuelven a latir unidos. Y todo ocurrió tras un encuentro con lo sublime.

Vuelvo al presente: me incorporo del suelo tan emocionado al reflexionar en la historia que no veo la arista afilada de un camión de juguete y lo piso. No es un quejido lo que brota de mí, sino una carcajada al recordar que, precisamente, Oliver jugaba ayer con ese camión. El pequeño gladiador –así lo llamo siempre, y te aseguro que el muchachito se ha ganado a pulso tal apelativo– rodaba el automóvil con su mano izquierda mientras usaba la derecha, en concreto el dedo índice, para rebuscar en el interior de su naricita. "¿Te ayudo, Oliver?". Le dije en un reproche indirecto que él no supo interpretar. "No, abu, puedo yo solo". Respondió con mucha dignidad mientras insertaba el dedito hasta límites imposibles.

Vaticino que ese niño llegará a ser un magnífico prospector de petróleo si se lo propone. Sin dejar de reír, elevo adoración de gratitud en un salón visitado por un maravilloso huracán y constato que, un hogar desordenado por la vida, también puede ser un delicioso encuentro con lo sublime.

Y hablando de encuentros, recuerdo otro que me estremeció y me bendijo hasta límites impensables. Debo narrártelo, pero no será ahora, pues es tiempo de reflexionar en la historia que hasta aquí hemos leído.

El néctar de la reflexión

Saborea el primer café de la mañana, lo hace como de costumbre, con el televisor encendido pero sin prestarle atención. Su mente está dispersa en las mil compras que aún tiene pendientes por la inminente Navidad.

El enunciado "Última Hora", en letra blanca sobre fondo rojo, le hace concentrar sus sentidos en lo que el locutor comunica:

"Una nueva cepa de coronavirus ha sido detectada en Reino Unido. Se trata de una variante, vorazmente contagiosa, de la Covid–19. Respecto a su letalidad no hay todavía datos contrastados, pero el desasosiego se ha instalado en España ante la posibilidad de que pueda haber llegado a bordo de alguno de los más de cuatrocientos vuelos que aterrizaron, procedentes de Inglaterra, antes de que se cerrase el espacio aéreo para todas las aeronaves con origen en Reino Unido. La otra preocupación que crece es que la esperadísima vacuna que ya se está distribuyendo no sea tan efectiva contra un virus que ha experimentado tantos cambios, mutaciones y aberraciones".

Pero ni siquiera esa inquietud logra desplazar el hermoso ambiente que se ha instalado por las calles, y es que los efluvios de la Navidad mitigan, al menos en parte, la nostalgia y el desasosiego que la pandemia sigue repartiendo. Por supuesto que no será una Pascua como otros años, pero al fin y al cabo es Navidad. Las luces y adornos de los centros comerciales ejercen un magnetismo casi irresistible y, con la prudencia debida, miles de ciudadanos llenan tiendas y comercios.

Y por supuesto que nada de eso le hará desistir de su mañana de compra. Ella madrugó para evitar las peores aglomeraciones y continuará con los planes previstos. En la entrada del Centro Comercial ve el dispensador de gel hidroalcohólico. "Tanto potingue está perjudicando mi piel", se dice al notar la sequedad de su epidermis. Por esa razón pasa de largo el poste del gel, lo mismo que los que hay ubicados en la entrada de cada tienda. Los carteles de descuento la atraen hacia el expositor de camisas. Por supuesto que no es capaz de ver el virus que flota en el aire y se posa en la prenda, justo en la manga y en el punto exacto que ella toca para desplegar la blusa y apreciarla por completo. Es bonita, muy bonita. En un acto reflejo busca la etiqueta del precio, amusga sus ojos para afinar la visión y: "Es cara, muy cara". Da la espalda al expositor para buscar otras opciones, mientras con su dedo índice, el mismo que, junto al pulgar, sostuvo la manga de la camisa, frota levemente su lagrimal derecho para mitigar el repentino picor. Ya está hecho. El virus se ha instalado.

No lo aprecia todavía, pero pronto notará los efectos. Achacará la irritación de garganta y las décimas de fiebre a la brusca bajada de temperaturas. El abrumador cansancio logrará preocuparla, pero no lo suficiente como para cancelar sus planes, pues hay mil cosas que requerirán dedicación en estas fiestas. Lo atenderá todo hasta que la dificultad para respirar la incapacite y deba ser conducida al hospital donde inocularán oxígeno a sus dañados pulmones. Fuera, amigos y familiares escucharán sobrecogidos que su ser amado tuvo que ser sometido a traqueotomía para lograr intubarla, y que yace sedada en la UCI del hospital. Elevarán al cielo una plegaria, mientras reparten su preocupación entre el estado de ella y el riesgo de que ese virus, terriblemente contagioso y vorazmente despiadado, haya anidado también en ellos.

Todo hubiera sido diferente de haber sido más rigurosa en aplicar sobre su piel ese líquido, ligeramente corrosivo, pero que repele al virus. Del mismo modo todos enfrentamos un severo riesgo ante las bacterias y virus que afectan al espíritu. También ese virus es letal y se llama pecado. Es tiempo de ser rigurosos en la aplicación del perfecto antídoto: la infalible vacuna para el alma que se desarrolló con plena eficacia en aquella colina con forma de calavera en las afueras de Jerusalén, donde Él conquistó la vida. Al igual que la mayoría de las vacunas para la Covid–19, esta consta de dos dosis: arrepentimiento y escuchar su voz, tierna pero firme, que nos dice: "No peques más".

¡DESTERRADA!

Pero una mujer que desde hacía doce años padecía de flujo de sangre, y había sufrido mucho de muchos médicos, y gastado todo lo que tenía, y nada había aprovechado, antes le iba peor, cuando oyó hablar de Jesús, vino por detrás entre la multitud, y tocó su manto. Porque decía: "Si tocare tan solamente su manto, seré salva". Y en seguida la fuente de su sangre se secó; y sintió en el cuerpo que estaba sana de aquel azote. Luego Jesús, conociendo en sí mismo el poder que había salido de él, volviéndose a la multitud, dijo: ¿Quién ha tocado mis vestidos? Sus discípulos le dijeron: Ves que la multitud te aprieta, y dices: ¿Quién me ha tocado? Pero él miraba alrededor para ver quién había hecho esto. Entonces la mujer, temiendo y temblando, sabiendo lo que en ella había sido hecho, vino y se postró delante de él, y le dijo toda la verdad. Y él le dijo: Hija, tu fe te ha hecho salva; ve en paz, y queda sana de tu azote.

LUCAS 8:43–48

Conociendo a Verónica

A Verónica siempre le gustó el silencio, pero el que ahora vivía le resultaba excesivo. Creció en la sencilla casa familiar, hecha de adobe, que sus padres levantaron en el centro de la aldea, muy cerca del mercado: allí el ruido era constante y aquel bullicio llegaba a agobiarla. En aquellos días le gustaba salir a pasear a las afueras y perderse en el campo, donde no llegaban las voces y solo se escuchaba el viento despeinando las copas de los árboles. Ahora; sin embargo, daría cualquier cosa por sentir el alborozo y oír a los vendedores del mercado voceando sus mercancías. Y, sobre todo, daría cualquier cosa por volver a escuchar la voz de sus padres. Pero eso era imposible.

Jamás podría olvidar, ni aunque viviera mil vidas, la mañana en la que al levantarse de la cama para comenzar la jornada, encontró sobre la mesa del desayuno un suntuoso banquete. En el centro estaba el pan, pero no era el acostumbrado pan de cebada, mucho más económico, sino delicioso y humeante pan de trigo. Junto a esa bandeja había otra llena de higos y melocotones secos, rellenos de nueces. Una jarra de exquisita leche de oveja, en vez de la acostumbrada leche de vaca que tan rápido se cuajaba. No faltaba una variada mezcla de vegetales y algo de carne de cordero.

–¿Esperamos visita? –interrogó Verónica, impresionada.

–¡Claro que no! –rio su padre–. Nosotros también nos merecemos comer bien, aunque no tengamos invitados.

Encontró que su madre no sonreía y también se fue enseguida la alegría del rostro de su papá. En realidad, era un desayuno de despedida. Verónica tendría que abandonar la casa. Degustaron aquellas delicias casi en silencio y luego su padre la acompañó fuera de la aldea. Se detuvo poco después de haber cruzado los límites del pueblo, y señalando a la pequeña casa encalada de blanco que se dibujaba en la distancia, le dijo:

–La levanté para ti –con la mano derecha apoyada sobre el hombro de Verónica, le explicó–, ahora será tu hogar. Debes vivir allí, perotranquila, mamá y yo te traeremos comida y nunca te faltará nada.

–Es que donde yo quiero vivir es con vosotros –gimió ella–. Aunque me traigáis de todo, me faltaréis mamá y tú.

–Sabes bien que no hay cosa que anhelemos más que estar contigo, pero eso no es posible –la voz del padre se quebró con la emoción, mientras dos gruesas lágrimas rodaron por sus mejillas–. La ley lo prohíbe –le recordó–. A causa de tu enfermedad debes vivir fuera de la aldea, pero mamá y yo seguiremos buscando a los mejores médicos. Pronto sanarás y todo volverá a ser como antes.

Aquella terrible enfermedad que le provocaba sangrados constantes arruinó su vida. No podía convivir con los demás, ni tocarlos, ni sentarse en sus sillas. Su condición le exigía vivir aislada, pues la sangre que perdía constantemente la convertía en impura y en fuente de impureza para cualquiera que la tocase.

Desierto de soledad

Ese día, y en ese instante, viendo cómo su padre se alejaba, comenzó a transitar el inhóspito desierto de la soledad. Un terrible sequedal que ya se prolongaba por doce años. Cada tres días, su padre se acercaba al árbol doblegado, lo llamaban así por la malformación en su tronco que, a mitad de altura e incomprensiblemente, comenzó a crecer horizontal, en paralelo al suelo, hasta que sin razón aparente y de forma repentina, se enfocó de nuevo hacia el cielo.

–Nuestra vida es como este árbol –le dijo su padre el día en que pactaron que allí le dejaría los alimentos–. Por alguna razón hemos dejado de crecer hacia la luz, pero verás que todo esto termina y volveremos a enfocarnos hacia arriba.

Allí dejaba su padre las provisiones para que ella pudiera comer. Siempre lo hacía antes del amanecer para evitar verse, pues eso hacía menos dolorosa la imposibilidad de tocarse o abrazarse. Nunca faltaba una nota escrita por su padre, pero Verónica sabía que dictada por su madre –como el común de las mujeres, su madre no tuvo acceso a la educación, pero su corazón destilaba poesía–, donde mostraban su amor y le decían todo aquello que desearían decirle mirando a los ojos.

De cuando en cuando, junto a la comida llegaba algún remedio preparado por médicos que cobraban cantidades altísimas y no eran capaces de dar con la solución a su problema de salud.

Le resultó muy extraño que en los tres últimos acopios de comida no llegase ninguna nota escrita, y la extrañeza subió de grado cuando uno de los días acordados no había nada junto al árbol. La misma ausencia se dio al día siguiente, y luego al otro; al quinto día decidió investigar qué ocurría; no podía concebir que sus padres la hubieran olvidado, se negó a aceptar tal posibilidad.

Le resultó terriblemente fácil averiguar que su madre había fallecido tras una breve pero voraz enfermedad y su padre, roto de dolor, se había encerrado en casa y no salía para nada, ni admitía visitas. Comprendió la ausencia de cartas en los últimos envíos de alimento. Las pesquisas que hizo arrojaron datos demoledores: sus padres habían gastado todos sus ahorros en buscar remedios para curarla. Luego, cuando no les quedó más dinero, vendieron muebles y ganado. Solo conservaron el techo donde guarecerse del sol y la lluvia. Verónica estaba segura de que su madre había muerto a causa de la tristeza y la desnutrición, y ahora ella sintió que también moría.

Esa misma noche en que conoció la desgarradora noticia, mientras inútilmente intentaba dormir, fue la primera vez que escuchó el trino de un ave llenando el silencio. Atraída por el canto, se incorporó del camastro y se dirigió al ventanuco de donde provenía la dulce melodía. Al asomarse vio, en el breve alféizar, a un ruiseñor que inundaba la noche con su trino. Nada en el plumaje del ave era destacable. No se trataba del exótico ruiseñor de plumaje multicolor, propio de los países asiáticos, ni siquiera del ruiseñor de pecho rojo. No, este era simplemente pardo, con leves motas amarillas en el extremo de las alas y el plumón de su pecho de tonalidad ocre claro. Un ruiseñor común, pero cuando abría su pico provocaba mil emociones y desprendía aroma de cielo. Le sorprendió a Verónica que el ave no alzase el vuelo cuando ella se recostó en el marco de la ventana, quedando muy cerca de él. Aquel pajarillo parecía adorar en medio de las sombras.

Desde ese día el ruiseñor la acompañó cada noche con sus notas musicales. Ese minúsculo pájaro la enseñó que tenemos dos opciones: dejar que la oscuridad nos invada, o inundarla nosotros con canciones. Es nuestra elección: no podemos decidir la noche que nos toca vivir, pero sí nuestra actitud en medio de ella.

Pocos días después de su destierro, y de eso hacía ya mucho tiempo, intentó comprender la razón de que se la obligase a vivir en un aislamiento tan atroz. Para ello desplegó el montón de escritos que su padre había incluido en el primer envío de comida.

Al extender las hojas sobre la mesa, Verónica recordó, con emocionada gratitud, la manera como ella había insistido a su padre que quería aprender a leer: "Lo necesito", le decía de manera insistente y hasta con lágrimas en los ojos. "¡Necesito saber leer! ¡Por favor, enséñame!" Su padre accedió, no sin cierta preocupación y bajo la promesa de que Verónica nunca leería en público para no ponerse en evidencia. Por las noches, con todas las ventanas oscurecidas, como quien va a cometer un vergonzoso delito, Verónica y su padre extendían pergaminos a la luz de una lámpara de aceite, y la niña iba descifrando aquel complejo, pero maravilloso mundo del alfabeto y la lectura. Se emocionó en el recuerdo mientras observaba ahora esos escritos.

–Aquí te explico –leyó en la primera hoja manuscrita, que recogía las leyes reflejadas en el Antiguo Testamento–, las razones que nos obligan a vivir separados:

> "Cuando la mujer tuviere flujo de sangre, y su flujo fuere en su cuerpo, siete días estará apartada; y cualquiera que la tocare será inmundo hasta la noche.
>
> Todo aquello sobre que ella se acostare mientras estuviere separada, será inmundo; también todo aquello sobre que se sentare será inmundo.
>
> Y cualquiera que tocare su cama, lavará sus vestidos, y después de lavarse con agua, será inmundo hasta la noche.
>
> También cualquiera que tocare cualquier mueble sobre que ella se hubiere sentado, lavará sus vestidos; se lavará luego a sí mismo con agua, y será inmundo hasta la noche.
>
> Y lo que estuviere sobre la cama, o sobre la silla en que ella se hubiere sentado, el que lo tocare será inmundo hasta la noche.
>
> Si alguno durmiere con ella, y su menstruo fuere sobre él, será inmundo por siete días; y toda cama sobre que durmiere, será inmunda" (Levítico 15:19–24).

–Así que –habló en voz alta consigo misma, recapitulando–, según nuestras leyes de sanidad, durante el periodo de flujo de sangre la mujer es impura y tiene que permanecer apartada del pueblo los días que dura su menstruación, cualquier cosa que toque se hace impuro hasta la noche y lo mismo pasa con todo el que establezca contacto con ella; además, toda persona que entre en contacto con algo que la mujer haya tocado, como su cama, sillas, vestidos es también impura –cerró sus ojos, como queriendo huir del terrible escenario, pero siguió recitando la siniestra realidad–. Una vez terminado el flujo debe esperar siete días, al octavo día tiene que ofrecer sacrificio para ser limpia, pues la impureza de la mujer no es solo una cuestión física, sino sobre todo moral y espiritual. En definitiva –concluyó, como si hablase con alguien–, debe ser aislada siete días durante su periodo menstrual, y otros siete después de terminarlo. Como el mío es casi constante, el aislamiento total debe ser mi forma de vida.

Verónica, que ya conocía eso pero jamás lo había valorado con tanta intensidad, se sintió desolada. Demasiado rota y en actitud de total rechazo a lo que le estaba tocando vivir, cerró la caja de madera que contenía los documentos y la arrinconó, negándose a leer ni una línea más. Pensó en Dios, por momentos quiso sentir furia hacia Él, pero sabía que todas las leyes contenidas en el Pentateuco no eran sino medidas preventivas establecidas para el bien del ser humano, pero ese pensamiento no aliviaba el cruel aislamiento. Hoy, sin embargo, acuciada por la soledad y el hastío que ya se prolongaba por doce años, buscó de nuevo el pequeño arcón de madera. Colocó la caja sobre sus rodillas, y antes de entregarse a la lectura cerró sus ojos y recordó aquel día, mucho tiempo atrás, en que fue a bañarse para la purificación después de su periodo, y al limpiarse descubrió que el sangrado había comenzado de nuevo. Cuando se lo dijo a su madre, ella la miró con muy mal disimulada preocupación, aunque intentó tranquilizarla con palabras: "Tranquila, Verónica. Tranquila, hija, no será nada".

Aquel aciago día un semáforo rojo se encendió en su camino; a sus trece años su trayectoria vital se paralizó. Nunca volvió a ser la misma. Pocas semanas después llegaron los sacerdotes y aunque hablaron con sus padres a puerta cerrada, ella alcanzó a escuchar la cruel sentencia: "Debe vivir fuera de la aldea". Lo que jamás calculó, lo que no tuvo cabida ni en sus peores pesadillas, era que ese atroz exilio pudiera prolongarse por tanto tiempo: doce años de destierro eran demasiados. El amargo sabor de la discriminación.

Ahora sí, se sentó en el suelo de la única sala que tenía la casa y volcó la caja llena con los papeles que su padre le había entregado. Con la lectura se sumió en el siniestro camino de la marginación a la que aquella sociedad y cultura sometían a la mujer. Ser mujer no representaba ninguna ventaja en aquel tiempo y cultura. En realidad, todas ellas estaban sometidas a una discriminación difícil de calibrar. Verónica leyó uno de los documentos manuscritos:

> "Si un hombre es encontrado siendo infiel con una mujer soltera, se le concede la opción de purgar su pecado tomándola como esposa, pero si es la mujer, comprometida en matrimonio o casada, la que fuese encontrada en infidelidad con otro hombre, tendrá que ser apedreada.
>
> Mientras viva en la casa paterna, la mujer está en total disposición del padre. Este puede venderla o casarla cuándo y con quién quiera. En caso de tener hermanos varones, no heredará. Su nacimiento es una pésima noticia, pues lo importante es tener hijos varones.
>
> Una vez prometida a un hombre, queda ligada con las mismas obligaciones que la mujer casada. No podrá hacer ningún voto sin el consentimiento de su marido; puede participar de las fiestas populares y religiosas, pero queda excluida del culto como oficiante. En sus manos estarán las tareas de la casa: ocuparse de los rebaños, hilar la lana y hacer los vestidos de la familia, tejer y coser; recoger agua y moler el grano necesario para el pan diario preparando la masa y la comida. También es la encargada del cuidado de los niños y de supervisar a los siervos. No puede comer en compañía de su esposo, el alimento será servido primero a los hombres y, una vez que ellos hayan terminado, las mujeres pueden comer; tienen que andar a dos metros de distancia del hombre y preferentemente en la acera contraria. Cada vez que la mujer salga, será estrecha y celosamente vigilada además de ir cubierta minuciosamente de pies a cabeza".

Verónica miraba con horror el manuscrito. Lo cierto es que ya había vivido suficiente como para conocer todos los detalles, pero verlos escritos de forma tan impositiva y categórica la espantó. Pensó en las palabras que había dicho ese Rabí, a quien muchos llamaban El Mesías: "[...] cualquiera que mire a la mujer de su prójimo, y la codicie, ya adulteró con ella en su corazón". Ella siempre pensó que la afirmación de Jesús, el nazareno, era una velada alusión a que si alguien era capaz de tener pensamientos impuros con una mujer que iba cubierta desde el cabello y hasta los pies, con ropa oscura, amplia y holgada, debía tener un severo problema de lujuria desenfrenada. Observó una nota escrita en el margen de una de las hojas, la letra era de su padre: "Pese a todo lo que leas u oigas, hija, no pienses que esas posiciones significan que vosotras, las mujeres, no seáis respetadas. Os valoramos mucho, pues sois las únicas que pueden dar a luz los hijos".

–¡Que consideración tan alta nos tienen! –sonrió con sarcasmo mientras un rictus amargo torcía su gesto–. Eso somos las mujeres: máquinas que paren hijos; nuestro único fin y propósito es procrear. Y, ¿qué pasa con quienes no pueden embarazarse? –negó con la cabeza–. Las declaran deshonradas; incluso las demás mujeres las desprecian. Casi lo mismo hacen con las que dan a luz hijas en vez de varones –recordó las ocasiones en que la familia de la parturienta contrataba músicos que se apostaban en la puerta de los futuros padres, esperando la noticia del alumbramiento de un varón para empezar a interpretar alegres piezas musicales, pero solo lo hacían si el nacido era del género masculino. Si nacía una niña los músicos se retiraban cabizbajos y en silencio–. Solo los hijos varones son apreciados –murmuró Verónica–, porque estos son los encargados de continuar con el nombre del padre.

Con el ánimo cada vez más afectado, decidió seguir leyendo los diversos pergaminos entregados por su padre. Ya había comenzado y terminaría de documentarse acerca de esa demencial e hiriente marginación.

> "En su papel de madre es la encargada de la enseñanza de los hijos y cuando éstos fallasen, será reprochada por su deficiente labor de instrucción. En compensación el nombre de la madre será tenido en gran aprecio cuando su hijo llegue a ser un personaje importante.
>
> La mujer hebrea debe sentirse distinguida y afortunada por el gran aprecio con que su sociedad la distingue, pues comparando con otras culturas como la griega o la romana, la mujer hebrea ocupa un lugar de importancia dentro de la sociedad. El filósofo griego Aristóteles la considera un ser inferior, a medio camino entre el hombre libre y el esclavo; los también griegos Sócrates y Demóstenes las tienen, asimismo, en muy poca estima. Platón recomienda la posesión de las mujeres en común, y todas estas concepciones han pasado, con el helenismo, al pueblo romano".

Verónica no pudo evitar la náusea al recordar la frecuencia con la que escuchaba a varones orando a Dios y repitiendo aquel execrable mantra: "Gracias te doy, Señor, porque no me has hecho infiel, ni mujer ignorante". Esa era la realidad: la mujer vivía marginada; el hombre podía enseñorearse de ella y tenerla por un bien, de la misma manera que se es dueño de un buey o un terreno.

Pero esa situación se agravaba hasta límites inimaginables para una mujer que llevaba en sus hombros la carga de una enfermedad que la hacía impura. Una circunstancia así la privaba del sentido de la vida y le dejaba una última salida: morir. La menorragia aguda y crónica que padecía y que se traducía en prolongadísimos, frecuentes y anormalmente abundantes flujos menstruales, era para ella una losa demasiado pesada. Por esa razón había considerado varias veces la opción de quitarse la vida.

¿Vida? ¿Realmente merecía ese calificativo la sucesión de días que llevaba acumulados? No; lo que llevaba tiempo valorando no era quitarse la vida, sino consumar la muerte que durante años pesaba sobre ella. Pero aún para algo así era necesario tener una energía de la que carecía. La abundante pérdida de sangre la mantenía en un grave estado anémico y los bajos niveles de glóbulos rojos la tenían sumida en el decaimiento físico y psíquico, padeciendo permanentemente problemas cardio–respiratorios, fatiga crónica, vómitos, diarrea seguida de periodos de estreñimiento, cefalea, mareos, vértigo y una interminable lista de síntomas que la dejaban sin fuerzas incluso para caminar trechos medianos.

Una vez escuchó de lejos la enseñanza de Jesús, y varias veces se imaginó hablando con él para decirle: "Dijiste que a cada día le basta su propio afán; pero hay afanes que ocupan más de un día. Ya que no tengo la capacidad para comprender, concédeme la de aceptar lo que no comprendo".

Verónica subsistía gracias a la caridad de varias personas que optaron por mantener la tradición de su padre, y depositaban al pie del árbol comida y otros utensilios necesarios para que la joven sobreviviera. Todo ello la mantenía con el corazón latiendo y pudiendo respirar, pero no lograba inocularle vida.

Dobló con extremo cuidado los documentos, los guardó de nuevo en la caja de madera y se recostó en el rudimentario camastro que casi era su mundo. Anochecía, y el cansancio y la debilidad fueron sumiéndola en el adormecimiento. El dulce trino del ruiseñor, fiel a su cita, sirvió de fondo musical para su leve y frágil dormitar.

Encuentro con lo sublime

El alborozo en la aldea era tan intenso esa mañana que los ecos alcanzaron a la pequeña casa donde vivía Verónica. Extrañada, salió a la puerta y recorrió el breve trecho que la separaba de su árbol. Un pequeño fardo con comida la aguardaba junto al tronco renegrido; lo tomó y se atrevió a acercarse un poco más a la aldea, solo lo suficiente para escuchar el motivo de tanto bullicio y expectación como se respiraba en el poblado.

–¡Jesús se acerca! –gritaban unos y otros.

–¡Está llegando por el camino!

En ese momento fue descubierta por un hombre que, al reconocerla, la miró con gesto furibundo. La señaló y estaba a punto de gritar su nombre, pero ella corrió cuanto pudo, cargando el bulto de comida, en dirección a su casa.

Las dos siguientes horas las pasó con un desasosiego constante. ¿Qué haría? ¿Dejaría pasar la oportunidad de encontrarse con Jesús? Era arriesgado... muy arriesgado. Una mujer, de acuerdo con los planteamientos culturales de la época, no podía abordar a un líder de la talla de Jesús, ni en público ni en privado, y mucho menos en la condición en la que Verónica estaba: era impura y todo lo que tocase, o a quien tocase, adquiriría esa misma condición. Era herejía contaminar a un Rabí.

Pero ella necesitaba tocar a Jesús. Le sorprendió que a esas horas el dulce trino del ruiseñor inundase la atmósfera. El ruiseñor estaba en el alféizar y cuando ella se aproximó ladeó su pequeña cabeza y la enfocó con aquel pequeño y brillante ojito. Alzó de nuevo un trino que –Verónica sería capaz de jurarlo– se trataba de una invitación a abandonar el encierro y acercarse a Jesús.

Tras un largo espacio de tiempo, durante el cual recorrió la casa de lado a lado, como un león enjaulado, decidió que intentaría acercarse al Maestro. Lo haría amparada en la multitud y sin despertar sospechas. Se cubrió completamente para pasar desapercibida. "No tocaré su piel; no quiero mancillarlo, tan solo el borde de su manto".

Cuando salió era imposible distinguirla. Solo era una mujer de negro, cubierta por largas telas, con el rostro tapado y sin que se le pudiera ver un milímetro de piel. Así volvió a aproximarse a la aldea. Jesús ya había llegado y se desplazaba con lentitud a causa de la multitud que lo rodeaba. La capacidad de ese Rabí para enseñar y hacer milagros se había difundido no solo en Jerusalén, capital del país, sino en las zonas circunvecinas, por eso una ingente cantidad de personas se aproximaba y lo seguía; Verónica vio esa oportunidad como la mejor y única para acercarse y tocar el manto de Jesús: "Si toco tan solo su manto, seré salva". Cuando se sumó al grupo, todavía muy lejos de la posición que Jesús ocupaba, notó que la comitiva se detuvo.

¿La habrían descubierto? No, no frenaron por ella. Algo había ocurrido en el frente de la procesión. Empujando con ambos codos se abrió paso y avanzó un poco, solo lo necesario para descubrir que todos nombraban a una persona: "¡Jairo! –decían– ¡Es Jairo, el príncipe de la sinagoga! Se ha acercado a Jesús". Así replicaban, con evidente asombro y perplejidad; los ojos de la multitud se habían posado en el insigne recién llegado. Nunca había sucedido que semejante autoridad de una sinagoga se rebajara a buscar a Jesús e intentara hablarle públicamente. Incluso, todos sabían que en la sinagoga Jesús era alimento de críticas y blanco de condenas; incluso habían llegado a sacarlo a empujones de alguna sinagoga. Pero lo que dejó boquiabiertos a todos no fue que Jairo se aproximase, sino que al llegar frente a Jesús se arrodillara a sus pies y le rogara, le implorara desesperadamente que lo acompañara a su casa para sanar a su hija.

¡Esto sí que era una locura! Nadie lo podía creer. Era la noticia del momento. Un principal de la sinagoga postrado ante Jesús, rogándole y, lo más inesperado, invitándolo a su casa. La mujer supo que era su ocasión, que el cielo había orquestado una situación única, inesperada e insólita, justo para ella. Ahora sí podía estar segura de que nadie la vería, se había transformado en invisible. Escuchó comentarios sueltos: "La hija de Jairo..." "Está gravemente enferma...". "Doce años tiene, y parece que va de morir...". Al escucharlos, Verónica sintió un estremecimiento por todo su cuerpo; fue como un latigazo de dolor. Aquella niña había vivido doce años y ahora parecía morir. Ella, Verónica, llevaba doce años muerta. ¿Comenzaría a vivir ahora? Entre aquel mar de cabezas pudo ver que alguien se acercaba a Jairo y le dijo algo; el principal de la sinagoga respondió con un gemido tan desgarrador que todos guardaron silencio. Jairo se había llevado ambas manos a la cabeza y cayó al suelo, quedando arrodillado.

–Acaban de comunicarle que su hija ha muerto –murmuró alguien tras varios segundos de total mutismo.

La desazón que experimentó Verónica al escuchar el grito de dolor del principal de la sinagoga hizo que se detuviera y considerase la opción de regresar a su casa. ¿Cómo podía interferir en una escena tan sumamente desoladora y lacerante? Pero la desesperación pudo más que el corazón. Verónica recordó que a esas alturas ya no tenía nada que perder, pero sí mucho por ganar. A la velocidad del relámpago, pasaron por su mente todas las cosas que la enfermedad le había robado: no tuvo la oportunidad de ser cortejada por un chico, ni de todos los ornamentos previos al matrimonio, ni tuvo matrimonio, por tanto nunca tuvo hijos.

Alzó la mirada, allí, frente a ella, se habría ahora la posibilidad de comenzar a vivir. Aprovecharía su total anonimato, ella no existía en la historia, no aparecía en el relato. Los reflectores estaban sobre Jesús y sobre Jairo, no había lugar para nadie más. Jesús se había agachado junto a Jairo y lo ayudó a incorporarse. Lo miró con ternura, le dijo algunas palabras y ambos retomaron el camino hacia su casa.

Cuando los protagonistas volvieron a moverse y la ingente masa reanudó la marcha, Verónica inició una sigilosa pero determinante aproximación hacia el Maestro, sin ruidos, cautelosamente, sin levantar la vista, solo con la imagen de Jesús en la mente; de tanto en tanto alzaba con cuidado la mirada y captaba la imagen de su túnica, su espalda, su larga cabellera nazarena que se perdía y volvía a reaparecer entre aquel mar de cabezas que se interponían entre ella y la esperanza.

–Tan solo tengo que tocar su manto, tan solo tengo que tocar su manto, solo el borde, solo el borde de su manto –gritaba en su interior mientras sorteaba los obstáculos que la separaban de su sanidad.

La casa de Jairo estaba ya cerca, era poco el tiempo del que disponía. Hizo un último esfuerzo, olvidó la cortesía y apartó con ambos brazos a las personas que tenía delante. Ignorando las miradas furibundas enfocó la suya en el largo talit que cubría la espalda de Jesús. "¡Solo eso necesito tocar!". Extendió su brazo cuanto pudo; ahora eran centímetros los que la separaban del milagro, tropezando volvió a avanzar y sus cuatro dedos rozaron la recia tela. Cerró los ojos y dejó que sus descuidadas uñas se deslizaran por los nudosos cordones del talit.

¿Que fue eso que sintió? Una extraña corriente había recorrido su cuerpo. Fue algo semejante a una ola de calor que, tras viajar por su columna vertebral se concentró a la altura de su bajo vientre. Un ardor intenso que quemaba, pero no dolía. ¿Qué era esa sensación única e indescriptible, pero a la vez inconfundible? Se detuvo un instante mientras el grupo avanzaba. ¿Era posible que…? ¿Podría ser que su mal hubiera…? ¡Sí!

¡Era capaz de jurarlo! ¡Se había cumplido! ¡Por supuesto que en ese momento no podía corroborarlo, pero supo, sin ninguna duda, que su flujo de sangre había cesado! ¡La fuente se había secado! ¡Su plan había sido consumado exitosamente! ¡Estaba sana! ¡Lo sabía! En ese momento, con lágrimas de emoción cegándola, y como quien ha robado una preciosa joya y no ha sido detectado; como quien hizo algo ilegal y desea desaparecer sin ser visto, Verónica comenzó a retirarse. Ahora caminaba en contra de la multitud, alejándose de la escena.

Los pasos que podía dar eran muy cortos, pues la muchedumbre le impedía ser veloz en la huida. Se movía contracorriente y su avance era lentísimo, pero no debía desesperar; mantuvo sus oídos alerta pero no levantó la mirada, si había un momento en el que debía pasar desapercibida, sin duda, era ese.

De repente la multitud se detuvo y ella se vio obligada a pararse también. Algo sucedía. Allí, en la cabeza de la procesión, los protagonistas habían detenido el avance. Jesús se quedó inmóvil, y Jairo hizo lo mismo junto a él. Era como si el mundo se hubiera congelado. También el tiempo se detuvo y un silencio sobrecogedor inundó la calle. El maestro se giró y con su mirada recorrió a la multitud. Buscaba a alguien. ¿A quién intentaba localizar? Tras unos segundos profirió una pregunta:

–¿Quién ha tocado mis vestidos?

La gente lo miró con perplejidad. Amusgaron los ojos y fruncían el ceño con gesto de extrañeza. ¿Lo preguntaba Jesús en serio? Habían oído que el Rabí tenía un fino sentido del humor, pero ese no era momento para bromas; no cuando caminaban a ver el cadáver de una niña de doce años. Jairo, junto a Jesús, tenía los ojos enrojecidos por el llanto y no paraba de temblar, presa del pánico. "¿Quién ha tocado mis vestidos?". La gente movía la cabeza de lado a lado, con una mezcla de perplejidad e irritación. ¡Vaya pregunta la de Jesús! ¿Acaso no se ha dado cuenta de que una multitud lo apretaba, y casi lo llevaban en volandas, desde hacía ya varios minutos? El silencio persistía y el tiempo seguía detenido, pero Jesús no parecía tener prisa y examinaba rostro por rostro, él conocía lo que buscaba; sabía bien lo que estaba diciendo y a qué se refería. Los discípulos, como casi siempre, estaban lejos de entender lo que sucedía e intentaron dar alguna explicación.

Verónica, mientras tanto, temblaba. Sabía que era a ella a quien Jesús estaba buscando. Había vencido a la enfermedad, pero ahora se enfrentaba a un nuevo y serio problema. En su mente enumeró el sinfín de leyes que había quebrantado en el espacio de unos minutos: se mezcló en la multitud, convirtiendo en inmundas a un sinfín de personas; había tocado al maestro volviéndolo impuro. Ha transgredido la ley, ha violado los límites morales, sociales y culturales... Y Jesús lo sabe.

¿Podría quedarse agachada, alejarse lentamente y pasar inadvertida? Sí, podría hacerlo, y tal vez funcionase. Pero toda su vida –¿vida?, desde luego que los últimos doce años no merecen ese calificativo– ha discurrido así, agachada, invisible, intocable. Doce años transcurridos en las sombras, en la humillación, en no poder tener una pareja, no poder abrazar hijos, toda su vida estigmatizada con la etiqueta "inmunda". ¡Ya está bien! ¡No está dispuesta a seguir escondiéndose! Por eso, como se dice en MARCOS 5:33, "temiendo y temblando" se abrió paso entre la multitud en dirección a Jesús. Intentó, cual Moisés, cruzar el Mar Rojo; un mar de ojos que miraban llenos de juicio, de mentes que pensaban mentiras, de lenguas que murmuraban calumnias, de manos que extendían su dedo para señalar a la "inmunda". Ella conocía bien ese mar, había muerto ahogada en él miles de veces.

Varios la identificaron finalmente, se acercaron a la mujer, tendiendo hacia ella los brazos a modo de parapeto, intentando frenarla, alejarla. Ella los apartó con violentos movimientos de los suyos, de arriba abajo, como un mal nadador y, buscando de nuevo el manto de Jesús, avanzó muy poquito a poco.

La calle entera era un clamor hasta que, para su sorpresa, el mar humano se silenció; ya nadie la acusaba, nadie la señalaba. ¿Será que todos esperan que el Maestro se ocupe de juzgarla? Sí, seguro que era eso. Todos sabían que el Maestro la reprendería. Nadie gritaba ahora porque todos conocían que Jesús se había sentido ofendido por la contaminación que la inmunda le había generado. No era preciso que nadie la delatase, Jesús, el sabio rabino, descubrió a la impostora.

El mar se abre ante ella y se dispone a tragar a su víctima. La encierra, la atrapa y le impide escapar. Ya cerca de Jesús, Verónica cae postrada. Con pocos minutos de diferencia a los pies de Jesús se habían postrado representantes de dos estratos muy diferenciados de la sociedad: uno de los más altos dignatarios del pueblo, Jairo, y una mujer inmunda, marginada y rechazada, Verónica. Ambos habían ocupado la misma posición, postrados ante Jesús. De ese modo quedó evidenciado que no hay nadie tan alto que no deba reconocer la majestad del Mesías, ni hay nadie tan bajo que no tenga un espacio a la sombra del Redentor.

El evangelista que relata la escena detalla de manera específica el acto físico del temor y el temblor que imperaba en Verónica, y no es para menos. Aquella mujer enfrentaba un problema grave. Ni podía ni debía mezclarse en la multitud y tocar al Rabí, la fuente de la sanidad. Una vez postrada, temiendo y temblando relató toda la verdad, no solo a Jesús sino también al gentío. La mujer que quería pasar desapercibida confesó su falta, su estado de frustración y el milagro acaecido en su vida delante del pueblo. Luego guardó silencio, tal vez solo liberó sollozos en los que se mezclaban la indescriptible alegría de su sanidad, con el terror a lo que ahora pudiera acaecerla.

Allí queda postrada. Se entrega. No hay vuelta atrás y piensa: "Que sea lo que Dios quiera". ¿Y qué es lo que Dios quiere? Dios quiere demostrar al mundo que no hay Mar Rojo que lo pueda desafiar, que Jesús ya no trabaja con los códigos del antiguo sistema, que Él no se ha sentido contaminado, ni ofendido, sino sorprendido y agradecido por semejante acto de fe. Dios quiere demostrar que "conforme a la fe de la mujer, sin importar quién es, le será hecho lo que pide".

Déjame que relate esta historia de amor y aceptación como si sucediera en este momento. Por ahora Jesús guarda silencio. El pueblo también. Solo los ojos de los aldeanos hablan, las miradas mandan mensajes diferentes, e incluso contrarios. En unos puede verse la indignación por el atrevimiento de la mujer y en otros la compasión y misericordia por el drama de Verónica. Silencio, hasta que los ojos de Jesús sonríen y sus labios envían el mensaje que su mirada anticipó.

–Hija ["talita" fue lo que dijo en arameo; una expresión de padre que concentra toda la ternura].

No habría hecho falta ni una sola palabra más para que la mujer caída se hubiera sentido alzada al mismo cielo. "¡Talita!", así le ha dicho Jesús, y esa es la expresión con que las madres y los padres despertaban a las hijas después de la noche. Jesús está diciendo a Verónica que la noche pasó, que amaneció un nuevo día. La está llamando "¡Hija!". La huérfana vuelve a tener padre y madre, la desamparada encuentra familia. "¡Hija!", le ha dicho; no hay palabra que contenga más amor que esa, pero Jesús añade algo más.

–Tu fe te ha salvado.

Buscaba sanidad, pero además se le ha otorgado salvación; la fe demostrada al empeñarse en tocar al Maestro ha logrado que este sea también su Salvador. En una sola frase: "Tu fe te ha salvado", Jesús ha obrado una restauración integral en la vida de Verónica: familiar, espiritual, ceremonial, social. Todas las áreas de su vida fueron restauradas.

Un acercamiento a Jesús supuso para ella el acercamiento a la verdadera vida. ¿Entró en el cuerpo de Jesús la inmundicia de la enfermedad? ¡Nada entró! Solo salió de su cuerpo virtud, y salud, y vida en estado pleno. ¿Cayó sobre Jesús la impureza de la hemorragia? No fue sobre Jesús que se derramó nada, sino sobre Verónica: sobre ella se derramó la vida, retrocedieron las tinieblas, y la luz de un nuevo comienzo iluminó su camino. Pocos minutos después, el principal de la sinagoga y la inmunda que no podía pisarla brindan juntos, como iguales, por la nueva vida que hizo posible la Gracia que emana de Jesús.

¡Mira esta última escena! Imposible que no te quebrante la imagen. La hija de Jairo, la niña que vivió tan solo doce años y luego murió, se abraza ahora a la mujer que estuvo muerta doce años y ahora comenzaba a vivir. Viste en el relato que a las dos Jesús les dirigió la misma palabra: "Talita", "hijita", les dijo, y como padre sacó a ambas de las sombras más tenebrosas. Ahora ríen y a la vez lloran. Junto a ellas está Jesús. No importa en qué punto del camino uno se haya derrumbado, lo único importante es que ahora Él apareció en el camino, tomó nuestros pedazos e hizo con ellos una obra de arte.

¡Espera! Cuando la muchedumbre comienza a dispersarse, se percibe un tumulto en el extremo de la calle. Alguien se aproxima corriendo y gritando. Todos observan al extraño de rostro irreconocible tras una larga y desarreglada barba. El gentío duda un instante sobre la conveniencia de darle paso, pero finalmente se apartan y permiten que el intruso llegue al centro de la escena. Han cesado los bailes y las risas. El anciano mira a Verónica y ella a él. Nada en aquel hombre se le antoja conocido, hasta que los ojos de ambos se encuentran; eso revela la identidad del recién llegado, porque los ojos son ventanas al alma y ella reconoce aquella alma bella, pura, amorosa, aunque venga cubierta por una coraza de suciedad y abandono. No hay duda, es él.

–¡Papá! –el abrazo del reencuentro es interminable e intenso. Unos minutos que reconstruyen el alma destruida de ambos, y devuelve el oxígeno que sus ahogadas emociones necesitaban.

La esposa de Jairo se ha sumado ahora a la escena y son ya cinco los que danzan abrazados, y ríen, y lloran, en un cóctel de emociones que contagia al resto. Muchos se llevan los dedos a los ojos, limpiando la humedad que los impregna. La tarde cae cuando Verónica y su padre se alejan lentamente, se detienen al pie del árbol doblegado y el anciano toca la parte del tronco en que retomó el camino a las alturas.

–¿Recuerdas que te dije que volveríamos a buscar la altura?

–¡Lo recuerdo, papá, rumbo al cielo!

De pronto un sonido llena la atmósfera, son unas notas primorosas. Concentran la atención en la copa del árbol, de donde proviene la música: un diminuto ruiseñor común, de color ocre eleva su trino. Nada en su plumaje es destacable pero lo observan, embebidos en la melodía y armonía que conmueve el corazón y desprende aroma de gratitud y adoración. Jesús, desde un lateral de la escena, sonríe. Una sonrisa que enciende mil luces en el camino y alumbra la senda a la verdadera vida.

El néctar de la reflexión

Siempre que no tengamos la capacidad para comprender lo que nos ocurre, pidamos a Dios la capacidad de aceptar lo que no comprendemos.

Una vez más, en esta historia, Dios quiere demostrar al mundo que no hay Mar Rojo que lo pueda desafiar. Jesús ya no trabaja con los códigos del antiguo sistema. Él no se sintió contaminado, ni ofendido, sino sorprendido y agradecido por semejante acto de fe.

Buscaba Verónica sanidad y además encontró la salvación, se ha valorado la fe demostrada al empeñarse en tocar al Maestro, y ahora este es también su Salvador.

Logró en una sola frase obrar una restauración integral en la vida de Verónica: familiar, espiritual, ceremonial, social. Todas las áreas de su vida fueron restauradas.

Instantes después, la niña que vivió doce años y murió, se abraza a la mujer que estuvo muerta doce años y ahora comienza a vivir. A las dos Jesús les llamó "Talita", "hijitas", y como padre las sacó de las sombras más tenebrosas.

Mientras Jesús, desde un lateral de la escena, libera una sonrisa que enciende mil luces en el camino y alumbra la senda a la verdadera vida.

El cementerio es cambiado en sala de maternidad; el desterrado vuelve a casa. La muerte se torna en vida y las lágrimas en risa. ¡Jesús ha llegado!

TAN SOLO UN NIÑO

Oyéndolo Jesús, se apartó de allí en una barca a un lugar desierto y apartado; y cuando la gente lo oyó, le siguió a pie desde las ciudades. Y saliendo Jesús, vio una gran multitud, y tuvo compasión de ellos, y sanó a los que de ellos estaban enfermos. Cuando anochecía, se acercaron a él sus discípulos, diciendo: El lugar es desierto, y la hora ya pasada; despide a la multitud, para que vayan por las aldeas y compren de comer. Jesús les dijo: No tienen necesidad de irse; dadles vosotros de comer. Y ellos dijeron: No tenemos aquí sino cinco panes y dos peces. Él les dijo: Traédmelos acá. Entonces mandó a la gente recostarse sobre la hierba; y tomando los cinco panes y los dos peces, y levantando los ojos al cielo, bendijo, y partió y dio los panes a los discípulos, y los discípulos a la multitud. Y comieron todos, y se saciaron; y recogieron lo que sobró de los pedazos, doce cestas llenas. Y los que comieron fueron como cinco mil hombres, sin contar las mujeres y los niños.

MATEO 14:13–21

Con respeto y gratitud para los niños

Conocí la emocionante historia de Teresa, una niña de tan solo ocho años. Su hermanito José, tres años menor que ella, estaba muy enfermo y requería una intervención quirúrgica, pero sus papás no tenían el dinero necesario para la operación. Teresa oyó decir a su padre:

–Solo un milagro puede salvar a José.

La niña fue a la alcancía de barro cocido con forma de cerdito, donde guardaba sus ahorros, de un certero golpe la rompió y tomó las moneditas. Luego se dirigió a la farmacia y se dirigió al dependiente.

–Mi hermanito está muy enfermo y necesita un milagro. ¿Cuánto cuesta un milagro?

–Explícame que te ocurre –pidió el farmacéutico.

Teresa le contó sobre el padecimiento de su hermano e insistió en comprar un milagro para él.

–No tienes que darme nada –dijo el dependiente–. Llévame a tu casa para que pueda ver a tu hermanito.

–Yo quiero pagarle por un milagro –insistió la niña–. Es lo que mi hermano necesita, traje el dinero, quiero comprar un milagro.

–Está bien, ¿cuánto dinero tienes?

–Un euro y cincuenta céntimos –respondió.

–¡Estupendo! –exclamó el farmacéutico–. Eso es exactamente lo que cuesta un milagro para los hermanitos.

Cogió el dinero de la niña y le dijo:

–Ahora llévame a tu casa. Veamos si tengo la clase de milagro que necesitas.

Aquel hombre era cercano a un reconocido cirujano que operó con éxito al niño. Muy pronto José estaba repuesto y, su madre, conmovida, decía: "Esa operación ha sido un verdadero milagro. ¿Quién sabe cuánto habrá costado?". Teresa sonreía. Ella sí lo sabía: el milagro había costado un euro con cincuenta céntimos, más la fe de una niña.

Quise iniciar mi acercamiento a este pasaje de la Biblia rindiendo un sentido y sincero homenaje a los niños, quienes han sido un ejemplo de paciencia y serenidad en este tiempo de pandemia. Mientras redacto estas líneas va cerrándose el año 2020; un año que ha resultado duro y difícil. Hoy, por fin, apreciamos una luz al final de este prolongado túnel: un destello con nombre de vacuna. Muchos niños pasaron meses sin poder salir a la calle, observando los parques y columpios a través de la ventana, conviviendo con familias, a veces muy numerosas, en mínimos apartamentos. Merecen nuestro respeto y reconocimiento.

Jesús también valoró a los niños. Los tuvo en muy alta estima. En una ocasión en que Jesús se aproximó al templo de Jerusalén, su presencia provocó el júbilo de los niños y la indignación de los sacerdotes, dándose una interesante escena que se describe en el Evangelio según san Mateo (Mateo 21:15-16)

> "[...] Cuando los jefes de los sacerdotes y los maestros de la ley vieron que Jesús hacía cosas maravillosas, y que los niños gritaban en el templo: '¡Hosanna al Hijo de David!', se indignaron. –¿Oyes lo que esos están diciendo?– protestaron. –Claro que sí– respondió Jesús–. ¿No han leído nunca? En los labios de los pequeños y de los niños de pecho has puesto la perfecta alabanza".
>
> Definitivamente, en el corazón de Dios hay un espacio relevante para los niños, como lo hubo también en el relato que voy colocando sobre la mesa de quirófano y me dispongo a diseccionar con el bisturí de la imaginación. Observaremos con detenimiento y admiración el corazón de un niño, pero antes...

Miremos a Jesús

"Oyéndolo Jesús, se apartó de allí en una barca a un lugar desierto" (Mateo, 14:13). Con estas palabras abre el párrafo bíblico que hemos leído, y la interrogante que aparece en mi mente es: ¿Qué fue lo que Jesús había escuchado? "Oyéndolo Jesús, se apartó de allí". Lo que fuera que llegó a sus oídos provocó en él la necesidad de retirarse.

No era para menos, pues la noticia que acababa de recibir era trágica y luctuosa: su primo acababa de morir. Juan el Bautista, quien solo era seis meses mayor que él. Puedo imaginarles jugando juntos en la niñez, riendo y discutiendo, como todos los niños. Tal vez algún día los regañaron porque uno de ellos hizo trampas en sus juegos o ambos, en la adolescencia, quizá se enamoraron de la misma chica. Luego, unidos, fueron aproximándose a la madurez. Su primo querido acababa de morir. Cualquiera hubiera sido la causa del fallecimiento, la noticia era demoledora. Treinta y dos años no es edad para morir; pero cuando Jesús conoció los detalles, su corazón se hizo pedazos. Juan, tras permanecer mucho tiempo en una oscura y sucia celda, había sido martirizado y finalmente decapitado. El responsable de tan cruel asesinato fue Herodes Antipas, uno de los hijos de Herodes el Grande, a este último se le atribuye la matanza de los niños tras el nacimiento de Jesús. Fue, la de los Herodes, una familia violenta y sanguinaria.

Hay quien opina que Jesús se apartó a un lugar desierto con el objetivo de protegerse, ante la posibilidad de que el tetrarca de Galilea, Herodes Antipas, prosiguiera con las ejecuciones. Sin desestimar completamente esa posibilidad me inclino a pensar que lo que le hizo retirarse fue el profundo decaimiento en que lo sumió la noticia. ¿Puedes imaginar el estado de ánimo de Jesús al conocer el asesinato de su primo? ¡Exacto! Jesús se hallaba sumido en un enorme abatimiento. Aquella noticia fue un mazazo para su alma y dinamita para sus emociones. Por otro lado, llevaba casi dos años de un ministerio muy intenso, por lo que su estado físico era de agotamiento. Padecía fatiga emocional y agotamiento físico.

Dicen que el dolor es un atajo a la soledad, y hacia ella se dirigió Jesús. Cruzó en una barca el mar de Tiberíades, rumbo a un monte desértico cerca de la ciudad de Betsaida.

Necesitaba estar a solas con su círculo más íntimo. Pero al parecer la soledad era una opción vetada para el nazareno: "Y cuando la gente lo oyó, le siguió a pie desde las ciudades. Y saliendo Jesús, vio una gran multitud, y *tuvo compasión de ellos*, y sanó a los que de ellos estaban enfermos". Al enterarse de su partida, mucha gente lo siguió a pie, de forma tal que al bajar de la barca Jesús se encontró con una multitud esperando sus enseñanzas, y sobre todo sus milagros.

Permíteme que sea honesto contigo: si hubiese sido yo quien se hubiera retirado presa de un ataque de melancolía y físicamente extenuado, al enfrentar a una multitud que reclama mis recursos, la emoción predominante en mí no habría sido la compasión, sino el fastidio. Querría poder decirte que pertenezco a esa élite capaz de sobreponerse a sus peores momentos para enfocarse únicamente en la necesidad de los otros; querría poder decírtelo, pero no sería honesto si lo hiciera.

Es por eso que me quebranta, conmueve y emociona ver cómo reaccionó Jesús frente a una multitud exigente: "compadeciéndose de ellos". Hubo algo superior a su enorme agotamiento y fue su gran compasión. Disculpa mi arranque de vanidad al hacer un análisis semántico de la palabra que nuestra Biblia traduce como "compasión". Es una palabra que en su forma griega leeríamos *sympatheia,* y que significa "sufrir juntos". ¿Puedes captar la intensidad de la emoción de Jesús? Él tenía sus propias circunstancias y sus problemas personales, pero a los propios sumó los de aquella muchedumbre. Cargó sobre sus hombros la adversidad de los demás y decidió no solo sufrir junto a ellos, sino aliviarlos.

Esa palabra, "compasión", proviene del latín *cumpassio,* que significa, "acompañar". No adopta Jesús la actitud de quien da una palmada en la espalda y le dice al sufriente: "Llamento tu pesar", sino que se pone junto a él garantizando: "Haremos juntos el camino". Eso es compasión: la fuerza que nos lleva a sobreponernos a nuestro dolor para identificarnos con la aflicción ajena. La compasión va de la mano de la empatía y es una de las formas del amor. La compasión es un fruto que crece en el árbol del amor. Y amar es más que dar: amar es darse.

Mil veces he pedido a Dios que me dé un bautismo de ese amor. Si en el ejercicio del ministerio desaparece el amor, este se convierte en un trabajo como cualquier otro, una actividad que agota físicamente y provoca extenuación emocional. Sin amor la vocación se torna en profesión y el privilegio en carga. El ministerio sin amor se convierte en fastidio. Las personas a las que servimos se transforman en cargas, en cifras y en expedientes administrativos. Jesús, en el pasaje que hoy nos ocupa, nos deja diversas razones para reflexionar.

Miremos ahora al niño

¿A qué niño vamos a mirar? Lee detenidamente el pasaje bíblico con el que hemos abierto este capítulo. ¿Verdad que no aparece ningún niño? Ese es el punto que quiero destacar: en el texto que hemos leído no aparece el niño por ningún lado. Se menciona lo que él trajo, un poco de comida, pero no se le menciona a él. Aparece la provisión, pero no el proveedor. "No tenemos aquí sino cinco panes y dos peces". Mateo detalla el suministro, pero omite al suministrador. En definitiva, el niño es ignorado.

Una de mis características menos honrosas es que me pongo de bastante mal humor cuando tengo hambre. Dios tiene gran paciencia conmigo en mis días de ayuno. Intenta visualizar la escena que en su libro describe Mateo: "Cuando anochecía, se acercaron a él sus discípulos, diciendo: 'El lugar es desierto, y la hora ya pasada; despide a la multitud, para que vayan por las aldeas y compren de comer'". Lo que los discípulos intentan transmitirle a Jesús es lo siguiente: "es tarde y estamos hambrientos".

El propietario de aquella merienda no sería una excepción. Seguramente tenía hambre y además tenía frente a sí a un montón de personas dispuestas a pagarle bien por aquella comida. Sin embargo, entregó todas sus provisiones a Jesús. Creo que si yo hubiese entregado toda mi comida y mi gesta pasase luego a la historia sumiéndome a mí en el anonimato, no me habría hecho ninguna gracia. Seguramente habría formulado una queja contra el periodista a cargo de dar la información.

No sé si esta confesión te desanima; a lo mejor alentaste expectativas más altas respecto a mi persona, y en este capítulo estoy incumpliéndolas, pero es lo que tiene escribir con el alma desabrochada. Lo cierto es que esa omisión no fue exclusiva de Mateo, en realidad casi todos los evangelistas condenan al niño al anonimato. Cuatro veces se menciona en la Biblia el milagro que Jesús obró con los cinco panes y dos peces. Tres de las cuatro se ignora la presencia del muchacho. Fue gentileza de Juan revelar que el donante de la comida fue un niño: "Aquí está un muchacho, que tiene cinco panes de cebada y dos pececillos; mas ¿qué es esto para tantos?" (JUAN 6:9).

Dos cosas llaman mi atención; la primera es que cuando por fin se le nombra, la reseña carece de todo dato que permita identificar quién fue el jovencito altruista. He pasado semanas intentando identificar a esa criatura. Ni siquiera míster Google logró darme la más mínima información. Te aseguro que cuando llegue al cielo quiero averiguar acerca de este pequeño benefactor. La segunda, tiene que ver con las palabras de Andrés. ¿Puedes percibir la desconfianza, o el sarcasmo, o el desprecio –o tal vez las tres cosas– en las palabras del hermano de Pedro?

"Un muchacho que tiene cinco panes de cebada…". Andrés destaca la calidad del pan; o más bien la falta de calidad. El pan de cebada era el que comían los pobres; de muy inferior categoría al pan de trigo y que, además, se quedaba duro poco después de ser horneado. "Y dos pececillos", nota que no habla de "peces" sino que utiliza un diminutivo. La palabra que aparece en el texto original no es la expresión griega que leeríamos "ictus" –sí, como la embolia cerebral, pero no tiene nada que ver con eso–. "Ictus" es el término con el que se referían a un pez, pero la palabra que aquí se usa es "pisciculli", la referida a un pececillo, seguramente el conocido como "sardina del lago" o "sardina de agua dulce", un pequeño ejemplar que se pescaba en aquel engrosamiento del río Jordán que se conoce como Mar de Galilea. Ese pez se desecaba y podía aguantar varios días sin ser consumido. "¿Qué es esto para tantos?". La frase rezuma desconfianza matizada de menosprecio.

Frente a eso: "Jesús, tomando los cinco panes y los dos peces, y levantando los ojos al cielo, bendijo, y partió y dio los panes a los discípulos, y los discípulos a la multitud". Me conmueve que tomó en su mano lo que los demás despreciaban. Me conmueve que dio gracias por lo que otros miraban con desprecio. Me admira ver cómo de nada, Él lo hizo todo, y alimentó a la multitud. En definitiva, la gloria del pasaje se concentra en Jesús. En la escena solo hay un trono, y le corresponde a Él por legítimo derecho. Así ha sido siempre y siempre será: nuestro llamado no es a ser estatuas, sino pedestales que alcen al único monumento.

En esta época de crecimiento, donde se habla de mega iglesias y súper pastores, es imprescindible recordar que Dios sigue buscando a siervos que no teman el anonimato. Hoy, mientras demasiados ministerios compiten por lograr seguidores, Dios busca servidores y discípulos. Por favor, no sacrifiques espiritualidad por popularidad, ni entregues valores a cambio de seguidores. En la era de los *influencers*, Dios busca quien, desde la sencillez y la humildad, provoque verdadera influencia. No es nuestro llamado asombrar, sino transformar. No busquemos deslumbrar, es más necesario alumbrar.

Todo lo que podamos decir acerca de ese niño debe ir precedido de un "tal vez". Tal vez ese niño había salido a vender esos panes y peces para contribuir a la economía de su hogar. Tal vez era un encargo de sus padres para llevar comida a casa. Tal vez su madre estaba enferma y algún vecino le regaló eso para ella. Tal vez ese era el alimento que sus padres le echaron para aquel día de faena en las afueras de Betsaida. Tal vez hasta ese momento lo habían relegado en los juegos del barrio, y ese día sintió una emoción incomparable cuando Jesús lo puso a su lado, tomó el pan de sus pequeñas manos y lo alzó al cielo dando gracias. Tal vez...

Suposiciones. Pero vayamos a las certezas, pues hay algunas cosas respecto a las que no tengo la más mínima duda. Aquel niño pudo haber vendido a buen precio aquella comida. No en vano estaba junto a un gentío hambriento que con gusto le habría pagado por esos alimentos, pero en vez de venderlos los regaló: un completo error para cualquier economista, pero un acierto pleno desde la perspectiva del Reino de Dios. La segunda certeza es que ese gesto altruista cambió áreas fundamentales en aquel niño. Hasta ese momento se haría las preguntas propias de alguien de su edad: ¿dónde viven los monstruos? ¿Sabe a nata la luna? ¿Son de algodón dulce las nubes? ¿Con qué interruptor se encienden las estrellas? Pero creo desde el encuentro, seguro sus interrogantes cambiaron: ¿qué fue eso tan maravilloso que sentí cuando Jesús me sonrió al tomar la comida que le ofrecí? ¿Por qué tuve ganas de reír y a la vez ganas de llorar al notar sobre mi hombro el leve peso de su mano? ¿Podré mantener siempre esta seguridad de que nada, absolutamente nada, se pierde al entregarlo en manos de Jesús? ¿Seré capaz de recordar que todo lo que a Él le entregue se multiplicará?

Otra certeza es que aquel niño nunca imaginó que pasaría a la historia como el muchacho que colaboró con el cielo en el proyecto "avituallamiento divino". El resultado asombraría al escéptico economista: aquel niño entregó cinco panes y recogió doce cestas llenas de pedazos, porque aquello que ponemos en las manos de Dios, mientras se divide, se multiplica. Déjame que intente imaginar la escena: el pan en las manos de Jesús iba siendo despedazado, y caía al interior de la cesta, pero el pan en manos de Jesús no se agotaba. Una canasta quedaba llena y otro de los discípulos se acercaba con la suya. Los dedos de Jesús, el pan de vida, seguían depositando alimento en el recipiente de mimbre hasta colmarlo. Un nuevo discípulo, una nueva cesta, un nuevo milagro. El silencio era total pese a la muchedumbre que llenaba la ladera del monte; todos eran conscientes de que algo sobrenatural ocurría, el ambiente era inundado por un aroma sagrado. El niño miraba con asombro, los discípulos observaban conmovidos, la multitud asistía, emocionada, a la obra prodigiosa que ocurría.

Creo que los discípulos comenzaron a repartir pan con cierto aire de suficiencia, convencidos de que su canasta no se vaciaría, pero no fue así: a medida que las personas tomaban pan, el nivel de la cesta descendía, hasta que se vació. Los discípulos, entonces, retornaban al Maestro, convencidos, ahora sí, de que el milagro no tenía lugar en sus manos, sino en las de Jesús. Nada ocurría gracias a ellos, sino a pesar de ellos y por la Gracia y Majestad de Jesús.

Lo he podido comprobar casi a diario, cuando Dios me comisiona para alimentar a alguien, en el proceso de dar me vacío, y eso me obliga a la bendita misión de retornar a Él, porque allí encuentro nueva provisión. El paso del tiempo me afirma en la idea de que yo soy limitado, pero Él no lo es. Yo solo tengo preguntas, Él solo tiene respuestas. Y así sigo, recibiendo para dar y dando para recibir de nuevo, en un bendito bucle, renovador y glorioso. Porque cuando dejo de acudir percibo la fatiga social y el agotamiento de la compasión. Volver a Su Mesa, comer de Su Mano y recibir también para alimentar a otros, esa es la clave para que nunca el ministerio se coma al ministro.

Desconocido en la tierra. Reconocido en el cielo

Permíteme regresar a ese muchachito, al niño que acecha deslumbrado, cuyas cejas alza la sorpresa. ¿Ves cómo observa a Jesús? El asombro, el embeleso y la admiración encienden su rostro con un rubor especial. Hay arrobamiento en su mirada; está callado, absorto en la escena, radiante. Es uno más en la multitud, ignorado por la mayoría, pero feliz.

Cuando leo la Biblia siento una fascinación especial por esos héroes anónimos cuya identidad queda oculta a nuestros ojos. Desconocidos en la tierra, pero reconocidos en el cielo. Y el mismo encantamiento que provocan en mí esos segundos violines de los textos bíblicos, lo suscitan aquellos con los que me encuentro en la vida natural: me cautivan y enamoran esos servidores que no codician cargos, pero tienen genuina carga por servir a los demás. Hombres y mujeres que han llegado a la sabia conclusión de que el camino a la grandeza es descendente y que lo más grande es admitir ser pequeño, porque Dios no busca a sus siervos en los pedestales, sino en los rincones de comunión y oración.

Volviendo al relato bíblico que nos ocupa, me he preguntado varias veces, ¿cambiaría Jesús la calidad del pan que aquel niño entregó? Hay que recordar que el pan que donó el muchacho era pan de cebada, el pan de los pobres. La lectura de este milagro me hizo evocar aquel otro que tuvo lugar en la pequeña aldea llamada Caná, en las inmediaciones de Galilea. Allí Jesús convirtió el agua en vino, evitando de ese modo que unos contrayentes vieran empañada su celebración de bodas. Desconozco si mejoró la pobre calidad del pan de cebada, pero mil veces he asistido al milagro de verlo transformar mis débiles esfuerzos en momentos de gracia. Él sigue eligiendo al débil, necio y pobre, para mostrar fortaleza, sabiduría y las riquezas de Su Gloria: "Pero Dios prefirió usar las tonterías de este mundo para avergonzar a los sabios, y prefirió usar a los débiles de este mundo para avergonzar a los poderosos" (1 Corintios 1:27 PDT).

Otra pregunta que me surge, ¿qué harían con todo el pan que sobró? Doce cestas llenas; aunque las canastas no fueran grandes, era bastante pan. En rigor ese pan era del niño y es razonable pensar que Jesús se lo dio a él. Aquel muchacho recogió multiplicado aquello que había entregado. ¿Llamaría a su familia para que lo ayudasen a llevarlo a casa? ¿Se formaría una procesión de discípulos caminando en fila hacia la casa del pequeño? ¿De pronto aquel hogar se convirtió en una panadería? Un niño sembró un acto de generosidad y su semilla provocó una inundación de alimento. Ninguna siembra es tan rentable como la que se hace en el corazón de Dios.

De lo que no tengo la más mínima duda es que aquella familia no volvió a ser la mismo después de ese anochecer. Una obra de amor afecta no solo al benefactor, sino que deja una impronta indeleble en su linaje. No solo él, también los suyos son bendecidos. Una sonrisa, un abrazo, un regalo. Es como la pequeña piedra que cae en el lago y forma una sucesión de círculos concéntricos que se extienden hasta alcanzar distancias insospechadas. La marea de la compasión puede crear un bendito tsunami que inunde corazones, familias, ciudades y países. Así que en la imagen que estamos analizando hoy, tenemos a Dios, y a un niño.

Miremos ahora a Belén

Sea como fuere, la Navidad ha llegado con su cúmulo de emociones, de estridencias más o menos artificiales, de afectos pregonados, también con su trastorno de horarios y menús. Con el nerviosismo de los niños ante las mágicas visitas del entrañable Santa Claus y de los regios magos de Oriente. Mientras escribo estas líneas amanece con pereza el día de Nochebuena. El sol no logra abrirse paso entre las nubes, densas y bajas, que arropan como un manto húmedo a la tierra. Muchas luces navideñas decoran mi hogar. Los destellos del árbol se reflejan en la pantalla en la que escribo, y frente a mí el perfil de la chimenea parpadea con bombillas multicolor. En pocas horas estaremos en torno a una mesa mucho menos habitada que otros años, la crisis sanitaria que sacude el mundo nos condena a la distancia de muchos a los que extrañaremos en la íntima velada de Nochebuena. Demasiadas sillas vacías este año, demasiado silencio, demasiada añoranza.

Pero en medio de tanta nota lúgubre se abre paso una melodía de esperanza. Un bisturí de luz rasga la piel de las sombras y un canto de fe desplaza el luctuoso silencio: "Os ha nacido hoy, en la ciudad de David, un Salvador, que es el Cristo Señor; y esto os servirá de señal: encontraréis un niño envuelto en pañales y acostado en un pesebre" (LUCAS 2:11–12).

Y entonces el milagro de Su Presencia llena y sana el vacío de la ausencia. La silla vacía se llena de gloria y la atmósfera se inunda de un aroma de ilusión. ¿Creíste, al leer esto, que me salí del tema? ¿Qué conexión tiene la Navidad con aquel milagro de una multitud alimentada? Déjame que te explique: en la ladera próxima a Betsaida Dios y un niño se asociaron para alimentar a una multitud. En el humilde establo de Belén el niño y Dios se dan cita; confluyen ambos en el pequeño cuerpo de un bebé: "Un Salvador, que es el *Cristo Señor*". Cristo, el Mesías de Dios, el Salvador del mundo. "Esto os servirá de señal: encontraréis *un niño* envuelto en pañales y acostado en un pesebre". El niño, con toda la humildad y sencillez.

Fue C. S. Lewis quien dijo: "Hubo una vez en el mundo un pesebre, y en ese pesebre algo más grande que el mundo". Cualquier religión es un esfuerzo del hombre por llegar a Dios, pero el cristianismo es Dios acercándose al ser humano. Se hizo hombre porque Dios no podía morir, pero sigue siendo Dios, porque el hombre no puede salvar.

Y al observar los destellos del árbol navideño, recuerdo que el primer árbol de Navidad tuvo forma de Cruz. De sus ramas no colgaron brillantes adornos, sino un cuerpo roto por amor; al pie de aquel primer árbol no hubo bonitos regalos envueltos en llamativo papel, sino un pequeño océano de sangre que empapó la tierra, fertilizándola, hasta que de allí nació la esperanza para el mundo. Al pie de ese árbol se inauguró el camino que conecta al ser humano con la salvación.

Observo el acebo que florece en un jarrón. Las rojas bayas recuerdan las gotas de sangre y las hojas espinosas emulan a las púas que traspasaron, no solo sus sienes, sino sobre todo su alma. El acebo florece en el corazón del invierno, del mismo modo que la vida se abrió paso en el corazón de la noche.

El néctar de la reflexión

Un principio reverbera en mi mente como diamante sobre terciopelo negro: Dios busca lo sencillo, lo humilde, el corazón de un niño, para mostrar en él Su Gloria.

Observo a mis nietos jugando en el salón de casa, la mitad de las cosas que hacen son deliciosas payasadas cuya única intención es provocarse mutuamente la risa y pasar un rato divertido. Pocos serían los adultos capaces de tirarse con ellos en el suelo e imitarlos. "Hacen tonterías", decimos. Frente a eso se alza el apóstol Pablo recordándonos: "Pero Dios prefirió usar las tonterías de este mundo para avergonzar a los sabios, y prefirió usar a los débiles de este mundo para avergonzar a los poderosos", 1 CORINTIOS 1:27, PDT.

¿Por qué Dios ama tanto la humildad? Diversas investigaciones, todas ellas sólidas, serias y creíbles, vinculan humildad con sabiduría. Sin ir más lejos, Salomón, quien es considerado como el ser humano más sabio de la historia, hizo la siguiente afirmación: "Donde hay soberbia, allí habrá ignorancia; mas donde hay humildad, habrá sabiduría" (PROVERBIOS 11:2).

Algunos análisis de gran calado sugieren que las personas humildes tienen una visión bastante precisa de sí mismos, son conscientes de sus errores y limitaciones, están abiertos a recibir otros puntos de vista, mantienen sus logros y sus habilidades en perspectiva, no están excesivamente centrados en sí mismos y son capaces de apreciar el valor de todo, incluyendo el de los demás.

Resulta mucho más difícil sostener estas virtudes en la era de las redes sociales, en las que prima lo contrario. Convertimos perfiles sociales en escaparates donde exhibir hasta los más mínimos logros, aunque sean tan banales como tomarse un café con espuma en no sé qué sitio de moda. Parece que cada ser humano se ha convertido en un objeto que debe venderse en ese inmenso escaparate virtual, y por si no supiéramos vendernos hay cientos de cursos que nos enseñan a hacerlo.

Antes de que nos devore el afán de deslumbrar, antes de que todos nos convirtamos en mercancía a la venta en un escaparate virtual, es urgente e importante encontrar la respuesta a la pregunta, ¿qué beneficios tiene la humildad? ¡Tras ardua investigación los he encontrado! ¡Gracias a Dios los encontré! Sin ánimo de ser exhaustivo, paso a enumerar alguno de ellos:

1. Mejores relaciones

Diversos estudios sugieren que las personas humildes cuidan mucho más sus relaciones, quizá porque son capaces de aceptar a los demás como son. Por ello, son mucho más propensos a reparar y a crear vínculos fuertes con los demás. Conviene recordar que cuidar las relaciones es cuidarse a uno mismo y la propia salud.

2. Mejor liderazgo

Las personas humildes también son mejores líderes, y la humildad y honestidad son extraordinarios factores predictivos respecto a los resultados de un empleado en su trabajo.

3. Menos ansiedad

Ser humilde también es garantía de serenidad, pues varios estudios han señalado que las personas con egos tranquilos sufren menos ansiedad. Conscientes de sus limitaciones no pretenden tener todas las respuestas ni se ven responsables de aportar cada solución. Sacarme brillo para exponerme, agota emocionalmente. Vivir sin intentar impresionar a nadie es una fuente de serenidad.

4. Mayor autocontrol

Quizá porque también conocen y aceptan mejor sus propios límites, y porque están menos obsesionadas consigo mismas, las personas humildes poseen una mayor capacidad de autocontrol.

5. Más calidad personal y espiritual

Cuando conocemos a alguien que irradia humildad nos sentimos bien de inmediato, quizá porque a su lado nos sentimos vistos, escuchados y aceptados tal y como somos. Las personas verdaderamente humildes –no las que solo buscan parecerlo– pueden regalar este don a los demás porque también son capaces de ver y aceptar sus fortalezas y limitaciones, sin juzgarse ni ponerse a la defensiva.

6. La vida como escuela

Las personas humildes ven la vida como una oportunidad de aprendizaje para todos, reconociendo que, aunque nadie es perfecto, todos podemos trabajar nuestras limitaciones y abrirnos a recibir nuevas ideas, consejos o críticas. La persona humilde nunca deja de aprender, precisamente porque es permeable a los demás y no se considera por encima de nadie. Y como es bien sabido: quien no deja de aprender nunca deja de crecer.

7. Más responsabilidad

Un ego aquietado se traduce en una menor agresividad y manipulación, en más honestidad y espíritu constructivo. Las personas humildes toman responsabilidad por sus acciones, corrigen sus errores, escuchan las ideas de los demás y no sobreestiman sus capacidades.

Concédeme ahora la licencia de destilar las gotas de néctar de este capítulo. Tal vez rompe el orden y concierto de este libro, pero no puedo esquivar la necesidad de presentar en este apartado algunos principios esenciales:

Sobre la compasión: es la fuerza que nos lleva a sobreponernos a nuestro dolor para identificarnos con la aflicción ajena. La compasión va de la mano de la empatía y es una de las formas del amor.

Una mano, la Suya, que sostiene lo que los demás despreciaban (los panes de cebada: el pan de los pobres). Jesús dio gracias por lo que otros miraban con desprecio. De casi nada Él lo hizo todo y alimentó a la multitud.

Bendijo el pan y lo dio a los discípulos. Tal vez ellos comenzaron a repartirlo con cierto aire de suficiencia, convencidos de que su canasta no se vaciaría pero, a medida que las personas tomaban pan, el nivel de la cesta descendía, hasta que se vació. Los discípulos, entonces, retornaban al Maestro, convencidos, ahora sí, de que el milagro no tenía lugar en sus manos, sino en las de Jesús.

Logré entender, por fin, que yo soy limitado, pero Él no lo es. Yo solo tengo preguntas, Él solo tiene respuestas. Y así sigo, recibiendo para dar y dando para recibir de nuevo, en un bendito bucle, renovador y glorioso. Volver a Su Mesa, comer de Su Mano y recibir también para alimentar a otros, esa es la clave para que nunca el ministerio se coma al ministro.

Importante es asumir que el camino a la grandeza es descendente y que lo más grande es admitir ser pequeño. Dios no busca a sus siervos en los pedestales, sino en los rincones de comunión y oración.

Me conmueve constatar que una obra de amor no solo afecta al benefactor, sino a todo su linaje. Una sonrisa, un abrazo, un regalo, es como la pequeña piedra que cae en el lago, formando círculos concéntricos que se extienden a distancias insospechadas. La marea de la compasión puede crear un tsunami que inunde corazones, familias, ciudades y países.

En los destellos del árbol navideño recuerdo que el primer abeto de Navidad tuvo forma de Cruz. De sus ramas no colgaban brillantes adornos, sino un cuerpo roto por amor; al pie de aquel primer árbol no hubo bonitos regalos envueltos en llamativo papel, sino sangre vertida que inauguró el camino que conecta la tierra con el cielo.

LA HIJA DE JAIRO

Y aconteció que volviendo Jesús, le recibió la multitud con gozo; porque todos le esperaban. Y he aquí un varón, llamado Jairo, y que era principal de la sinagoga, vino, y cayendo a los pies de Jesús, le rogaba que entrase en su casa; porque tenía una hija única, como de doce años, que se estaba muriendo. Estando aún él hablando, vino uno del principal de la sinagoga a decirle: Tu hija está muerta, no des trabajo al Maestro. Y oyéndolo Jesús, le respondió: No temas; cree solamente, y será salva. Y entrado en casa, no dejó entrar a nadie consigo, sino a Pedro, y a Jacobo, y a Juan, y al padre y a la madre de la niña. Y lloraban todos, y la plañían. Y él dijo: No lloréis; no está muerta, sino que duerme. Y hacían burla de él, sabiendo que estaba muerta. Y él, echados todos fuera, tomándola de la mano, clamó, diciendo: Muchacha, levántate. Entonces su espíritu volvió, y se levantó luego; y él mandó que le diesen de comer. Y sus padres estaban fuera de sí; a los cuales él mandó, que a nadie dijesen lo que había sido hecho.

LUCAS 8:40–56

Preludio

Anoche llovió como no había llovido en los últimos cuatro meses, pero hoy amaneció con un sol tan bravío y ardoroso que hace difícil imaginar la enorme tormenta que descargó hace apenas unas horas. Tan intensa fue que me mantuvo en vela con su concierto de rayos y truenos. Ahora, adormilado tras la noche sin sueño, he salido al jardín y lo encontré desconcertado, esta alternancia de sol y lluvia hace que no sepa a qué atenerse. Los pacíficos ostentan flores amilanadas; los rosales exhiben, altaneros, su multicolor riqueza, mientras las adelfas fingen indiferencia y el romero y la lavanda se estiran, soberbios, imponiendo su aroma.

Voy a escribir, pero la belleza natural me distrae: tropiezo con los colores, los olores me embargan y entretienen. Me escarbo en el alma para indagar en mi tema, pero de nuevo mis ojos se dispersan entre tanta naturaleza. Finalmente he claudicado y decido observar y disfrutar observando, porque hay tiempo para todo.

Ocurrió en un descuido: posé la mirada en la Biblia abierta, y una frase se introdujo por mis ojos, deslizándose a mi alma: "Estando aún él [Jesús] hablando, vino uno del principal de la sinagoga". No pude avanzar en la lectura ni logré sumergirme en ella. Me quedé anclado en ese "vino uno", ignorando el nudo y desenlace del relato. Lo siguiente está envuelto en densa neblina, como si un ambiente impreciso, confuso y brumoso, se hubiera cernido sobre mí. Debo advertirte que tal vez te resulte difícil creer lo que estoy a punto de contarte. No te sientas mal por ello, pues también a mí, en ocasiones, me embarga la duda ante lo acontecido.

¿Sueño o realidad? ¿Ocurrió realmente o fue tan solo el tributo de una noche sin dormir? No lo escuché llegar. Como surgiendo de la frondosidad del jardín, se ha parado frente a mí. Tras los segundos precisos para recuperarme del sobresalto, me detengo a observar el aspecto del recién llegado –o recién aparecido–. Viste de manera muy sencilla, diría que austera. Su camisa de tonos beiges y el pantalón tejano lucen desgastados, pero en absoluto sucios. El pelo, muy escaso y gris, por delante de las orejas se une con una barba corta, blanca y muy afilada. Sus manos están cuidadas, desde luego no son las de alguien acostumbrado a un trabajo manual. Eso, unido a su porte educado, me hace pensar que frente a mí hay un intelectual. Posiblemente sea un profesor o algo parecido.

Respecto a la edad se me hace difícil especular, pero evidentemente no es un joven: muestra suficientes arrugas en rostro y cuello como para situarlo en algún punto entre los setenta y cinco y los ochenta años.

Su nariz, algo puntiaguda, y el resto de su fisionomía, revelan que se trata de un judío. Mirándolo con detenimiento refuerzo la idea de que mi visitante es muy longevo, y en el reposo que proyecta su mirada intuyo que el discurrir de la vida le ha conferido serenidad y sabiduría. Me mira con ojos entornados y casi lo murmura:

–Todos nos quedamos decepcionados y algo preocupados.

–¿Perdón? –no alcanzo a entender lo que intenta decirme.

–Jairo –señala a mi Biblia abierta y comprendo que está refiriéndose al relato que me disponía a leer–, ¿el principal de la sinagoga postrado ante Jesús? No es una imagen digna –mueve su cabeza de lado a lado–. ¿Un jefe de sinagoga arrodillado ante aquel a quien habían expulsado de ellas? No era buena noticia.

–Entiendo.

–No, no lo entiende –replica–. El principal de la sinagoga recibe el tratamiento de "notable del pueblo". Usted no puede comprender que ese gesto de Jairo equivalía a hincar una daga en el corazón de nuestra milenaria tradición y provocaba un cisma en el seno de la comunidad judía.

–Disculpe, pero no estoy seguro de conocerle –intento ser amable con la inesperada visita, pero no puedo evitar que cierto malestar tiña mis palabras, al fin y al cabo ese hombre ha irrumpido en mi propiedad y no solo no se presenta, sino que me habla como si su palabra y opinión fuesen ley.

–Tiene usted razón –se disculpa–, perdone mi descortesía. Mi nombre es Shama.

–¿Chama?

–Shama –me corrige, poniendo exagerado énfasis en el fonema "sh" y marcando bien las dos sílabas–. Es un nombre hebreo que significa "quieto" o "tranquilo". Soy el cuarto de siete hermanos y los tres anteriores eran bastante intranquilos, creo que mis padres me llamaron así queriendo profetizar la calma que necesitaban.

–Muy bien, Shama, pues volviendo a nuestro tema, pienso que algo serio debía ocurrirle a Jairo cuando hizo algo tan arriesgado y lesivo para la tradición judía –aventuro en un intento de suavizar el ambiente.

–Los más próximos aseguran haberlo escuchado suplicando a Jesús que entrase en su casa.

–Es sabido que el judío es un pueblo hospitalario –sigo haciendo de abogado del diablo–. Ustedes son una raza de hogares abiertos.

–No para los falsos Mesías, y en aquel momento casi todos juzgábamos así a Jesús.

–Comprendo, pero ¿por qué Jairo tenía tanto interés en que Jesús fuera a su hogar?

–Era por su hija –responde–. Tenía una hija con la salud muy quebrantada, tanto que la muerte ya ensayaba su nombre. Jairo estaba desesperado, la criatura solo tenía doce años.

–Es comprensible la desesperación de Jairo, es natural que se olvidase de protocolos, burocracias y tradiciones.

–Quería que Jesús sanase a la niña.

–¿Y lo hizo?

–No –replica.

–¿No sanó a la niña? –he quedado perplejo.

–No –insiste Shama–: la resucitó.

Ante mi gesto de extrañeza decide explicarme el punto.

–En el intervalo en que su padre fue en busca de Jesús, la niña expiró. Créame, no había aliento en ella –posa su mano en mi antebrazo para dar fuerza a su discurso–. Yo mismo me ocupé de certificar el óbito –guarda un instante de silencio, como rememorando, y enseguida explica–: Esther arrastraba mucho tiempo aquella enfermedad; en realidad vivía encamada, si es que a eso se le puede llamar vida. Las fuerzas se le escapaban gota a gota. Lo extraño es que la noche anterior, al llevarle sus medicinas, noté que su semblante brillaba de manera especial. ¡Si hubiera visto la manera en que aquel fulgor realzaba su belleza! –de nuevo un instante de silencio, antes de declarar con voz sombría–. Solo unas horas después Esther estaba muerta. ¡No lo podía creer! Pero aquella luminosidad en su rostro, ¿un resplandor tan grande en su mirada, y enseguida la muerte?

–He oído hablar de la mejoría de la muerte –apunto tímidamente–. El enfermo parece mejorar, pero todo es ficticio, enseguida fallece.

–Reparé entonces en que su nombre –el judío retoma su discurso, ignorando mi acotación–, Esther, significa "estrella", y recordé que el astro que más brilla en el lienzo oscuro de la noche es el que acaba de morir. Las estrellas mueren en una explosión que saca de ellas toda la luz que les queda. Tras el estallido y la gran refulgencia, llega la completa oscuridad. Esther se había apagado tras aquella luminosa detonación.

–Debió ser difícil –me aventuro a decir.

–Certificada la muerte –prosigue Shama desoyendo mi obviedad– fui a buscar a Jairo a la plaza y al aproximarme lo escuché suplicándole a Jesús. Me ofendió sobremanera ver a un hombre respetado y respetable, rebajarse de esa manera. Así que le dije a bocajarro: "Jairo, no molestes al Maestro, tu hija ha muerto".

–¿Así que fue usted quien le llevó la noticia?

–¿Quién si no? –replica–. Soy el médico del principal de la sinagoga y de su familia.

–¿Y le dijo así a Jairo: "No molestes al Rabí"? Con esas palabras, incluyendo el título de Rabí, usted estaba reconociendo la autoridad de Jesús.

Un rictus irónico hace resaltar las arrugas en el rostro del médico judío.

–Es obvio que no ha identificado el sarcasmo que hubo en mi discurso a Jairo –casi ríe–. En todo caso, yo no tenía inconveniente en reconocer a Jesús como maestro, él era buen conocedor de la ley y un gran expositor de la misma. Pero de maestro a Mesías hay una distancia abismal, en realidad el único parecido entre ambos títulos es la letra con la que comienzan. ¡Yo reconocía su magisterio pero no su autoridad.

–¿Cómo reaccionó Jairo?

–¿Cómo dice? –amusga los ojos el judío.

–Cuando usted le comunicó que Esther había muerto –aclaro–, ¿cómo reaccionó el padre?

–Pues no lo sé –reconoce.

–No, porque bastante tuve con contener mi cólera ante el descaro con que Jesús me contradijo…

–No estoy seguro de entenderle.

–Pues yo se lo explico –dice con calma–. Ignorando el enfado que chispeaba en mis ojos, miró a Jairo y le dijo: "Tranquilo, simplemente cree y la niña será salva". Esas palabras terminaron de enfurecerme –aprieta sus labios hasta que forman una fina línea.

–¿Qué fue lo que le enfureció?

–¿De verdad no lo sabe? –me mira con los ojos arqueados por la sorpresa, como si acabase de escuchar un disparate–. Yo, el médico, comuniqué una defunción y Jesús, el carpintero, resta autoridad a mi dictamen, negando que hubiera motivos para estar preocupados. Si eso no es suficiente para irritar a cualquiera, escuche lo siguiente: "La niña será salva". ¡Así lo dijo! ¡Jesús estaba dictaminando la salvación de

Esther! ¡Al hacer eso se erigía en Mesías! ¡Para el Sanedrín judío eso es una blasfemia! –con el dorso de su mano retira las gotas de sudor que la pasión ha hecho brotar en su frente–. Airado, tomé del brazo a mi jefe y tiré de él hacia la casa.

Encuentro con lo sublime

–¿Qué hizo entonces Jesús?

–Venir tras nosotros.

–¿Los siguió? –no puedo evitar reír visualizando la escena.

–Hasta la misma puerta, y no solo eso, sino que entró en la casa –alza sus manos con las palmas hacia arriba–. Yo me atreví a entrar también; Jesús se acercó a la mujer de Jairo, que estaba casi desmayada en un asiento, imagino que destrozada por el fallecimiento de la niña. En la cocinilla había agua puesta a hervir. Alguien dijo: "Enseguida le daremos una taza de hierbas relajantes". Cuando estuvo hecho el tazón de hierbas bien cargadas, se lo llevaron. Me impresionó que el propio Jesús tomó con su mano izquierda la nuca de la mujer a la que ayudó a sentarse de nuevo, le acercó con la derecha el tazón, algo desportillado, a los labios temblorosos. Los ojos de la dama, mojados y azulados, lo miraban por encima del borde.

Tras un breve silencio que me permite visualizar la escena, mi interlocutor concluye:

–Lo siguiente que Jesús hizo fue sacar de la casa a cuantos allí estábamos –de nuevo tiende sus manos con las palmas hacia arriba, mostrando la perplejidad que les sobrecogió.

–¿Jesús los sacó a todos de la casa? –casi se me escapa una carcajada al imaginarlo.

–Primero hizo salir a las plañideras.

–Se refiere a las lloronas contratadas –comenté.

–Así es, cosa de la cual yo me alegré sobremanera –admite Shama–. Nunca he comprendido eso de contratar lamentatrices para añadir emoción al duelo.

–Tengo entendido que ellos creen que las lágrimas que derraman las dolientes profesionales limpian el alma del difunto.

–Eso es lo que dicen, pero créame, el asunto está más relacionado con la bolsa que con el alma –frota su pulgar de la mano derecha con el dedo medio de la misma, indicando dinero–. La cosa tiene más de comercio y elitismo que de espiritualidad. Cuanto mayor es el prestigio social del finado, más plañideras se contratan –chasquea la lengua con gesto de fastidio–. Nunca he soportado que se mercadee con la muerte, y mucho menos a ese coro de lloronas orquestado por la praefica.

–¿Praefica? –interrogué.

–Es la principal de la comitiva de lloronas. Ella preside las lamentaciones y da a sus compañeras el tono de tristeza que conviene según la clase social del difunto.

Me quedo asombrado con esos detalles que desconocía. Aquella gente convertía un funeral en un espectáculo. No puedo evitar que las palabras de Eduardo Galeano floten en la superficie de mi conciencia: "Vivimos en un mundo donde el funeral importa más que el muerto, la boda más que el amor y el físico más que el intelecto. Vivimos en la cultura del envase que desprecia el contenido". Shama percibe mi gesto de estupor, y enfatiza:

–Es el negocio de la muerte, amigo. Cada llorona cobra el mismo jornal diario que un empleado del campo por trabajar la tierra de sol a sol –se detiene y sacude la cabeza, como espantando la indignación que aquello le produce–. En fin, no nos desviemos más del tema. Como le decía, primero hizo salir a las plañideras, pero luego nos echó a todos a la calle.

Solo permitió la entrada a los padres de la niña y a tres de sus seguidores. Ni siquiera a mí, médico personal de la familia, me autorizó el acceso.

–Si echó fuera a todos, ¿por qué dejó entrar a tres de los suyos? –cuestiono–. Puedo entender que permitiese estar a los padres pero, ¿por qué también a esos tres?

–¡Creí que conocía usted nuestra ley! –exclama con los brazos abiertos, como reprochando mi insuperable ignorancia–. Supongo que Jesús tenía previsto obrar un milagro –reconoce–, y nuestra ley exige que todo acontecimiento que se salga de la normalidad médica cuente con el testimonio de tres personas no pertenecientes a la familia. Así que Jesús decidió cumplir con la ley.

–¿Y que hizo Jesús allí adentro?

–Ya le he dicho que nos echó a todos –hay un leve toque de irritación en su voz–. ¡Justo antes de mandarnos salir nos dijo que estuviéramos tranquilos, que la niña solo estaba dormida! –mueve la cabeza llevando su barbilla de hombro a hombro–. ¿Se da cuenta? ¡Que la niña dormía! Como si yo no hubiera estado más de media hora buscándole el pulso. Aquella niña comenzaba a experimentar el rigor mortis. ¡Certifiqué su muerte! –con sus ojos muy abiertos intenta dar firmeza a su mensaje cuando repite–. ¡Que Esther dormía! No pude evitarlo, me reí con sarcasmo en la cara de Jesús. ¡Yo estaba lleno de cólera! Ese hombre me estaba llamando mentiroso.

–¿Y entonces?

–Al parecer –y aclara–, esto me lo contaron luego, Jesús se acercó al lecho que solo contenía muerte, y se dirigió a Esther diciéndole: "Talita cumi".

–¿Cómo dice?

–Talita cumi –repite y, enseguida aclara–: son las palabras con las que todo padre despierta a su hija en la mañana.

–¿Y despertó? –inquiero.

–¿Que si despertó? –el semita vuelve a manifestar enfado–. ¡Esther resucitó! Le juro que ella estaba muerta, lo corroboré yo mismo de todas las formas posibles.

–Le creo, Shama, le creo –intento tranquilizarlo–. Entonces Jesús resucitó a la niña.

–No tenga usted la menor duda, y lo siguiente que recuerdo fue ver a esa criatura cruzando la puerta de la casa –se ilumina la faz del judío y de su rostro se borra todo rasgo de acritud.

–¿Esther apareció viva? –quiero confirmarlo.

–Jamás la vi tan llena de vida, ni nunca antes descubrí en su semblante una sonrisa tan limpia y contagiosa. Sus padres, junto a ella, lloraban de puro gozo, y yo también lloré de emoción y de perplejidad; sin poder ni querer evitarlo, me postré ante Jesús, del mismo modo que poco antes lo había hecho Jairo.

Shama se lleva la mano derecha al rostro, y con los dedos índice y pulgar limpia las lágrimas que el recuerdo hace brotar en la esquina de sus ojos. Se mantiene callado como si esperara alguna observación, pero yo no tengo la menor intención de apostillar a sus palabras. También a mí el relato me ha conmovido, y guardo silencio, convencido de que hay algún detalle más que aquel hombre añadirá.

–Lo que más me impresionó no fue la resurrección de nuestra amada Esther –mueve la cabeza como queriendo rectificar–. Entiéndame, ese milagro fue lo que más me alegró, pero no lo que más me impresionó.

–¿Qué fue entonces lo que más impacto le produjo?

–La mirada de Jesús –no duda ni un instante–. Cuando me postré ante Él, Jesús posó su mano en mi hombro y alcé la vista para encontrarme con sus ojos. Allí vi… –frunce el ceño en un gesto reflexivo–, no sé cómo explicarlo. Busco el adjetivo que mejor describa esa mirada, pero todos me parecen pobres. Aquellas pupilas tenían tatuado un mensaje de amor. Hacía tan solo un momento que yo me había burlado de Él de manera descarnada, hiriente y ofensiva, y ahora Jesús me amaba de forma exagerada, impensable. ¡Sí! ¡Eso es! –suena triunfal su exclamación–: ¡Su mirada contenía un derroche de amor en estado puro!

–¿Y ahora cree en Jesús?

–Y le sigo, y le sirvo –Shama asiente varias veces con la cabeza, y sobre su barba afilada los extremos de sus labios se curvan hacia arriba–. No tengo la menor duda de que es el Mesías prometido. Ahora sé que mi vida no comenzó a los veinte años, ni tampoco a los cuarenta, mi verdadera vida comenzó cuando me postré ante Jesús y Él me miró.

–¿Comprende ahora que Jairo se postrase ante Jesús? –le pregunto–. ¿Ya no le ofende esa actitud?

–Nunca he respetado tanto a mi jefe –reconoce el judío–. Alcanzó la cima del reconocimiento, pero en la escalada no dejó atrás a aquellos que lo amaban. Ostentaba dos títulos que comenzaban por la misma letra: principal y padre, pero antepuso el segundo al primero, y de ese modo conservó ambos. Desechó ser notable en el pueblo para ser sobresaliente en su familia.

Tenuemente la imagen de Shama se disipa, como si la misma frondosidad del jardín de la que antes surgió, ahora lo fuese absorbiendo. He quedado solo de nuevo –o tal vez nunca dejé de estarlo y la presencia del judío fue solo una ensoñación– parpadeo innumerables veces, mientras miro a los lados intentando hallarlo de nuevo, pero no está; se ha ido y me quedo sin saber si acabo de despertar de un sueño o me sobrecogió algo parecido a una alucinación. Con los ojos sumergidos en la Biblia, reflexiono y, ahora sí, leo completo el relato. Pienso en Jairo y en la actitud que adoptó y en los pasos que dio ante la difícil situación de su hija, ¡qué gran acierto el de aquel padre! Corrió hasta Jesús y se postró ante Él. Muchos pensaron que ese gesto le restaba autoridad, pero yo lo respeto más después de verlo caído. En ocasiones solo un gran peso logra tirarnos sobre las rodillas, y pocas preocupaciones pesan tanto como las que se tienen por los hijos. ¡Qué gran oración la de aquel padre! Rogó a Jesús que entrase a su casa. No hay oración más acertada que esta: "¡Jesús, entra en mi casa!". El relato abre diciendo: "Cuando Jesús llegó a la ciudad le recibieron con gozo". Y cuando observo el cierre de la historia lo que veo es gozo y alegría indescriptible en la casa de Jairo. Porque de la mano de Jesús siempre llegan la vida y la alegría.

El néctar de la reflexión

(Desde el corazón de un padre).

Hoy el alma de escritor ha cedido el lugar al corazón de padre. Probablemente quedé demasiado tiempo embelesado con la imagen de la niña que fue devuelta a la vida. Mis ojos se resistían a apartarse de aquella conmovedora estampa, cuando la jovencita, a quien Shama llamó Esther, abrazaba a sus padres. Mantuve la vista fija en ellos hasta que lágrimas de emoción empañaron la escena. ¡Qué gran resultado se produjo en la niña cuando el padre dio los pasos adecuados! Las decisiones de un padre y de una madre pueden suponer para sus hijos la diferencia entre vida y muerte.

Doce años tenía la hija de Jairo en el momento que hemos analizado; una edad en la que, según los estudiosos del comportamiento humano, cruzamos esa frontera que nos separa de la niñez para introducirnos progresivamente en la ciénaga pavorosa de la adolescencia. Esa transición provoca inquietud en los padres y también en los hijos que, ante tanto cambio que no entienden, suelen volcarse hacia dentro. Los adolescentes intentan encontrar en su interior su destino, pero solo ven negrura y a menudo se estremecen. El adolescente es alguien que quiere crecer sin dejar de tener los derechos y las ternuras del niño. Las quiere, las necesita, pero como quiere crecer las rechaza aunque ansía conservarlas. No es un atolondrado Peter Pan, sino alguien que, como Jesús en Getsemaní, desea que pase de sí ese cáliz de la búsqueda de él mismo.

Al igual que Jairo, ante esa adversidad en nuestros hijos, haremos bien en suplicar a Jesús que entre en nuestra casa. No hay oración más acertada ni necesidad más evidente: "¡Jesús, te lo ruego, entra en mi casa!", precisan escuchar ese "talita cumi" que brota de los labios de Dios, para despertar de la muerte espiritual que les acecha. ¿Cómo decírselo? ¿Cómo lograr que nos oigan? Esta generación mucho más visual que auditiva necesita "ver" nuestro consejo. Verlo en padres que han promocionado de "tener un mensaje" a "ser un mensaje".

Seamos o no conscientes de ello, nuestros hijos nos dicen cada día: "Lo que eres no me deja escuchar lo que dices, porque tus hechos hablan más alto que tus palabras". Ellos nos repiten, incansables: "Las palabras son cera, los hechos acero". Necesitan vernos postrados ante Jesús. Precisan percibir que le damos entrada en nuestra casa. El adolescente adolece –permítanme la redundancia– de referencias y también de criterios sólidos. Nuestra búsqueda de Dios, nuestro amor por la integridad, nuestra persecución de la coherencia, todo ello resonará en sus oídos como un poderoso "talita cumi", que les hará despertar.

DEL TERROR A LA LIBERTAD

Preludio

Tumbado al refugio de una sombra he posado la mirada en el cielo, irremisiblemente azul. Ni una nube, hasta donde abarca la vista. En el horizonte el lienzo azulado se funde con un mar de color verde turquesa. Una gaviota sola, deslizándose en el aire, distrae mi mirada, no mi oído que sigue embebido en el rumor de las olas que besan la orilla. Si el ser humano no fuera capaz de percibir la belleza de estos sonidos y enriquecerse con ellos, estaría incompleto.

¿Será esto la paz? Probablemente no, pero me infunde una serenidad muy apacible. La naturaleza nos dice cuanto el lenguaje humano, tan dividido y parcial y torpe, no sabe decir. Teniendo el mar de frente, uno se asoma al Océano de la Gracia de Dios, imposible de explicar, lo mismo que el amor, que no se define ni se dice, solo se muestra y se practica.

La fuerza del mar y los embates de las olas contra la orilla, me trasladan a aquella confrontación que tuvo lugar hace más de dos milenios: una batalla dura, cruenta, pero que se decantó por Aquel que ha salido invicto en todas las guerras y cuyo único objetivo es establecer la paz en el corazón del ser humano: Él es el Príncipe de Paz. Vayamos al texto:

Vinieron al otro lado del mar, a la región de los gadarenos.

Y cuando salió él de la barca, enseguida vino a su encuentro, de los sepulcros, un hombre con un espíritu inmundo, que tenía su morada en los sepulcros, y nadie podía atarle, ni aun con cadenas.
Porque muchas veces había sido atado con grillos y cadenas, mas las cadenas habían sido hechas pedazos por él, y desmenuzados los grillos; y nadie le podía dominar.

Y siempre, de día y de noche, andaba dando voces en los montes
y en los sepulcros, e hiriéndose con piedras.
Cuando vio a Jesús de lejos, corrió, y se arrodilló ante él.
Y clamando a gran voz, dijo: ¿Qué tienes conmigo, Jesús, Hijo del
Dios Altísimo? Te conjuro por Dios que no me atormentes.
Porque le decía: Sal de este hombre, espíritu inmundo.
Y le preguntó: ¿Cómo te llamas? Y respondió diciendo:
Legión me llamo; porque somos muchos.
Y le rogaba mucho que no los enviase fuera de aquella región.
Estaba allí cerca del monte un gran hato de cerdos paciendo.
Y le rogaron todos los demonios, diciendo: Envíanos a los cerdos
para que entremos en ellos.
Y luego Jesús les dio permiso. Y saliendo aquellos espíritus inmundos,
entraron en los cerdos, los cuales eran como dos mil; y el hato se
precipitó en el mar por un despeñadero, y en el mar se ahogaron.
Y los que apacentaban los cerdos huyeron, y dieron aviso en la ciudad
y en los campos. Y salieron a ver qué era aquello que había sucedido.
Vienen a Jesús, y ven al que había sido atormentado del demonio, y
que había tenido la legión, sentado, vestido y en su juicio cabal;
y tuvieron miedo.
Y les contaron los que lo habían visto, cómo le había acontecido
al que había tenido el demonio, y lo de los cerdos.
Y comenzaron a rogarle que se fuera de sus contornos.
Al entrar él en la barca, el que había estado endemoniado le rogaba
que le dejase estar con él.
Mas Jesús no se lo permitió, sino que le dijo: Vete a tu casa,
a los tuyos, y cuéntales cuán grandes cosas el Señor ha hecho contigo,
y cómo ha tenido misericordia de ti.
Y se fue, y comenzó a publicar en Decápolis cuán grandes cosas había
hecho Jesús con él; y todos se maravillaban.

MARCOS 5:1–20

Marcos lo explica

Fue un acontecimiento truculento, pavoroso y un poco aterrador. Tal vez por eso pensé que me hubiera encantado pedirle a Marcos, un escritor de estilo directo, claro y con gran capacidad de síntesis, que nos cuente con algo más de detalle esta historia. Él, que escribió su Evangelio pensando en aquellos que no eran judíos, podrá clarificarnos ciertas cosas que para nosotros, a quienes el pueblo hebreo llama gentiles, son importantes. De haber podido acercarme a ese sobrino de Bernabé y discípulo de Pedro, creo que la conversación habría discurrido, más o menos, de esta manera:

–Aquel día cruzamos el mar de Galilea hacia la región de los gadarenos. Habíamos pasado un buen tiempo hablando con el Maestro. Nos dijo cosas hermosas y muy importantes lo que, sin nosotros saberlo, nos preparaba para una de esas experiencias que uno jamás quiere vivir y, cuando las vive, nunca puede olvidar. Nadie le preguntó al Señor por qué causa emprendíamos una travesía tan larga, pues dábamos por supuesto que él tendría una buena razón. Lo que ninguno de nosotros esperaba era que, aun antes de desembarcar, un hombre en la distancia nos estuviera acechando. Digo un hombre por usar un término aproximado. En realidad, aquel ser, por la manera como actuaba y se comportaba se asemejaba más a una bestia –Marcos me mira con el terror dibujado en sus ojos–. Te confieso que si hubiera sabido a qué clase de situación nos enfrentábamos, seguramente me habría quedado en el barco para evitar el encuentro con un ser tan violento y peligroso.

Cuando nos vio desembarcar corrió hacia nosotros con la velocidad de un águila en vuelo. Estoy seguro de que pretendía atacarnos. Corría descalzo sobre piedras y espinos. Sus pies estaban ensangrentados, pero no parecían dolerle. Todos nos quedamos paralizados al verlo aproximarse, a excepción del Maestro, que con toda calma le habló, y, por la manera como Jesús se dirigió a él, pudimos comprender que aquel desdichado sufría una posesión demoníaca.

–¿Qué fue lo que Jesús le dijo al gadareno? –quiero saber.

–En realidad no se dirigió al hombre, sino a la fuerza maligna, o a la entidad, o a los demonios que llevaba dentro. Les ordenó que lo dejasen libre.

–Imagino que la escena provocaría escalofríos.

–¿Escalofríos? –casi lo grita–. ¡Terror es lo que provocaba! Créeme, aquel tipo no parecía humano. Aullaba y rugía como una fiera. Emitía más ruidos que palabras, y cuando pronunciaba alguna, su voz sonaba desgañitada –se agarra su túnica y la sacude al explicar–. ¡Estaba casi desnudo! Solamente tenía puestos unos harapos que apenas lo cubrían; su cuerpo lucía renegrido a causa del sol y sobre todo de la suciedad. El rostro casi tapado por una maraña de cabellos largos, enredados y muy grasientos, pero lo que más me impresionó fue su mirada –y me enfoca con fijeza al decirlo–: aquellos ojos inyectados en sangre, penetrantes e inquietos, parecían los de un tigre enfurecido tratando de elegir a su presa. Llevaba el cuerpo cubierto de cicatrices y en varios lugares sangraba por heridas recientes. Por el aspecto musculoso no había duda de que tendría una fuerza hercúlea.

Marcos se detiene un instante; en su rostro se ven las huellas del pavor que el recuerdo aún le provoca, incluso algunas perlas de sudor brotan en su frente. Con voz trémula, casi susurra:

–Delante de nosotros teníamos a ese individuo a quien todo el mundo temía, pues por lo que luego supimos, nadie osaba pasar por aquel camino debido al terror que el endemoniado infundía. Más tarde, nos dijeron que vivía en los sepulcros y que varias veces, y entre muchos hombres, habían intentado atarlo con grilletes y cadenas, pero las hacía pedazos. Aquel individuo deshacía el hierro como si fuese arcilla húmeda.

–Lo llaman sansonismo.

–¿Perdón? –mi interrupción parece haberlo desconcertado.

–Esa fuerza sobrenatural que los demonios confieren a su anfitrión, lo llaman sansonismo –aclaro–. El poseído adquiere una energía asombrosa, capaz incluso de romper las cadenas con las que intentaron sujetarlo para evitar que atacase a los demás.

–En realidad querían inmovilizarlo sobre todo para que no se hiriese él mismo –me corrige–. No solía agredir a otros; solo buscaba asustarlos para que lo dejaran solo, pero él sí se lesionaba: buscaba piedras afiladas y se abría heridas espantosas.

–Marcos, eres joven y un brillante escritor –le digo–. Ahora, con la perspectiva que el tiempo confiere a las cosas. ¿Qué aspectos destacarías de aquella insólita aventura?

Me mira con una sonrisa, como si mi propuesta le hubiese agradado. Luego, con gesto meditabundo, se mesa la abundante barba mientras reflexiona. Incluso escribe algunas líneas que se asemejan a un bosquejo. Definitivamente, la carrera periodística fluye por sus venas. Cuando termina de escribir, repasa sus apuntes; por fin, levanta la cabeza y me dice:

–Resumiría la historia del gadareno en tres palabras que a la vez son tres escalones –al enumerarlas lleva la cuenta con los dedos–: liberación, quebranto y misión –sonríe al concretar–. LQM, para quien disfruta de los acrósticos.

–Suena interesante –le digo–, ¿puedes explicármelo?

–Por supuesto –asiente sin perder la sonrisa–, pero nos llevará algo de tiempo –señala una gran piedra que hay al lado del camino y que puede servirnos para reposar–. ¿Tienes unos minutos?

En cuanto tomo asiento a su lado, comienza un pormenorizado y apasionante relato de lo acontecido:

–Liberación: "Vinieron al otro lado del mar, a la región de los gadarenos". Como ya te he dicho, junto con Jesús cruzamos el mar de Tiberias, de costa a costa, catorce kilómetros –me mira, constatando mi interés–. Así llegamos a Gadara, una región marcada a fuego por el imperio romano y con una firme huella contra el judaísmo. Se trataba de un lugar griego y con una fuerte impronta romana. Aunque había algunos judíos esparcidos por la región, era un territorio gentil. Sus ciudades eran esencialmente griegas: tenían sus dioses, sus templos y sus anfiteatros griegos. Lo primero que vimos al aproximarnos, fue un hato de dos mil cerdos –niega llevando la barbilla de lado a lado– es un animal prohibido para nosotros. ¿Puedes imaginar lo fuerte que era la influencia del paganismo en aquella región?

–¡Así que Jesús dejó Galilea, su zona de confort –le digo–, y se adentró en terreno hostil!

–Pero, disculpa que insista –replica Marcos–, Jesús cruzó todo un mar y penetró en terreno adversario con el único fin de ayudar a una persona, después de eso volvimos a la barca para retornar a nuestro lugar de origen.

–¿Solo obró en una persona? –me parece sorprendente–. ¿Todo ese tiempo y esfuerzo por una persona?

–¡En cuanto Jesús libertó al gadareno embarcamos de regreso! –alza las manos con las palmas hacia arriba con gesto de desconcierto–. ¿Tiene sentido una inversión de tiempo tan enorme para alcanzar a un individuo?

–Ciertamente no tiene fácil explicación –admito–. Aunque no estoy seguro de que Jesús aceptase esa definición para explicar su cometido en ese viaje…

–Creo que no entiendo lo que quiere decirme –confiesa Marcos.

–"Alcanzar a un individuo" –repito con literalidad lo que él dijo–. No estoy seguro de que Jesús respaldase esa definición.

–Acepto su corrección –repone humildemente–. No ha sido cortés de mi parte. Jesús se refirió al gadareno como un ser humano que precisaba libertad.

–Pero sigue siendo difícil explicar que asumiera un viaje tan largo por una sola persona.

–El amor casi nunca se explica fácilmente –responde mi interlocutor, y luego queda mirando a un punto indefinido, creo que reflexionando en aquella escena.

Aprovecho su silencio para adentrarme en la paradoja del amor: Jesús cruzó todo un mar para ayudar a una persona. Un claro reflejo de Dios, surcando la increíble distancia que separaba cielo y tierra, para venir a alcanzarme. No vino a buscar multitudes, sino hijos perdidos. Hoy el cristianismo tiene cerca de mil quinientos millones de adeptos en el mundo, pero estoy seguro de que eso a Dios no le impresiona, pues Él no vino a fundar una religión, sino a restaurar una relación. Le importa más una persona arrepentida que dos millones cubiertos con un manto de religión.

"Jesús vino al otro lado", porque no es un ser místico, lejano e inaccesible. Tal vez eso es lo que muestra la religión, pero no es la realidad acerca de Dios. La religión es una persona que se asoma a la ventana de su capilla y grita: "Si quieres que te ayude entra a mi templo", pero el cristianismo es Dios dejando su templo, su palacio y su gloria, y viniendo en busca del necesitado. Creo que si en la Tierra solo hubiera habido una persona, el puente con forma de cruz se habría tendido por ella; Jesús habría cruzado al otro lado para ayudarla. El amor tiene razones que la razón no entiende. Jesús teniendo miles de sirvientes se hizo siervo de millones. Ocupando el trono más alto, decidió pisar el barro más bajo: mi barro. La reflexión me quebranta hasta las lágrimas, y en ese momento Marcos reanuda su relato:

–"Enseguida vino a Él un endemoniado [...]. Cuando vio a Jesús de lejos, corrió, y se arrodilló ante él".

–Aquel hombre corrió hacia nosotros apenas pusimos un pie en tierra –relata con viveza–. Me recordó a una fiera que hubiera estado al acecho y saltase para apresar a la víctima. Pero en cuanto Jesús habló, el poseído se postró en tierra. La escena era impactante: las dos grandes superpotencias cara a cara: el bien ante el mal; la luz en oposición a las tinieblas, un principado frente a un rey –ahora su voz suena triunfal–: pero una de las dos superpotencias reconoce la supremacía de la otra. El principado se arrodilla ante el rey, las tinieblas retroceden ante la luz, y la vida establece su autoridad sobre la muerte –resplandece el rostro de Marcos–. El pobre desdichado se aquietó, alzó la cabeza y miró a Jesús; ¡en los ojos de aquel hombre pude ver ternura! Él, que un momento antes se asemejaba a una bestia, ahora lucía un gesto casi tierno, como la mirada de un niño que hizo algo mal y ofece disculpas. Y lo más impresionante: se implantó el silencio. Cesaron los aullidos, los gruñidos y los gritos. Podíamos escuchar el rumor de las olas en la orilla.

–Me pregunto por qué gritaba antes aquel gadareno...

–Gritaba porque le dolía –responde Marcos con total naturalidad–. Le ardían las heridas de su cuerpo, se autolesionaba. Gritaba porque también le dolía el alma. Le dolía la soledad, había perdido su casa y vivía en los sepulcros; había perdido a su familia y estaba desolado; le dolía su espíritu encadenado –guarda un instante de silencio antes de concluir–: por eso gritaba, porque le dolía.

–Y Jesús lo libertó –concluyo.

–¡Y la liberación fue perfecta! –es una declaración triunfal–. "Vienen a Jesús, y ven al que había sido atormentado del demonio, y que había tenido la legión, sentado, vestido y en su juicio cabal". Así lo describí en mi crónica de los hechos. No encontré mejor forma de explicarlo –con los dedos enumera los tres actos–: sentado, antes no podía parar, ahora está quieto, por fin tiene paz. Vestido, su vergüenza ha sido cubierta. En su juicio cabal, la obra es perfecta y la restauración completa. El infierno apesta a mediocridad, pero Jesús completa la obra, jamás deja algo a medias.

–Es una realidad estimulante –le digo.

–Pero tras ese primer paso, llegó el segundo, y este nos provocó un gran desconcierto– me advierte. Quebranto: "Al entrar él en la barca, el que había estado endemoniado le rogaba que le dejase estar con él en la barca. Mas Jesús no se lo permitió". Recuerdo que aquel hombre quería entrar en la barca para estar cerca de Jesús –me explica Marcos–. Suplicó varias veces que le permitiéramos acompañarnos.

–Es lógico –le digo–; imagino que sentía terror de distanciarse de Jesús y que aquellos demonios regresaran.

–Pero Jesús le dijo que no –en su rostro Marcos reproduce la perplejidad que sintió en aquel momento.

–¿No dejó que os acompañase? –interrogo–. ¡Qué extraño!

–Eso mismo pensamos nosotros –reconoce–. La primera oración que hace el gadareno y Jesús no la contesta. El primer anhelo y Jesús no lo cumple. La primera petición que le hace después de ser libre y la respuesta es: "No" –se encoge de hombros con el asombro pintado en las pupilas–. ¡Menudo comienzo!, pensé. Pero el gadareno aceptó la negativa, nos abrazó uno por uno en la despedida, y al llegar a Jesús se postró en actitud de adoración. El Maestro lo invitó a incorporarse y también lo abrazó.

–Y entonces, ¿qué ocurrió? –sospecho que llega la conclusión de la historia y estoy impaciente por conocerla.

–Ninguno lo sabíamos, pero el "no" de Jesús en realidad significaba: "Te amo y tengo otros planes para ti. Si no te admito en esta barca, es porque hay otro lugar reservado y lo que no entiendes ahora lo entenderás después". Y aquí llega el tercer peldaño de la escalera. Misión: "Y se fue, y comenzó a publicar en Decápolis cuán grandes cosas había hecho Jesús con él; y todos se maravillaban".

–¿Sabes lo que significa "Decapolis"? –me pregunta Marcos.

–Si no me equivoco, es una palabra griega –aventuro–. "Deca" es "diez" y "polis" apunta a "metrópolis" es decir "ciudades".

–¡Exacto! –aplaude Marcos–. Significa "diez ciudades". Aquel hombre fue anunciando por las diez ciudades de la región la obra que Jesús hizo en él.

–Creo que adivino lo que quieres decirme –comento–. Después del quebrantamiento, llega la misión. Aceptó el "No" de Jesús y pronto descubrió que si se le había cerrado una puerta, era porque otras diez esperaban ser cruzadas.

–Yo no lo habría explicado mejor –aprueba–. El gadareno quiso estar en un lugar, y Jesús le dijo: "No". ¿La razón? Tenía diez lugares preparados para él. Pero, claro, eso lo supimos después –reconoce Marcos–. Los primeros días mantuvimos la extrañeza, incluso la incomodidad de saber que aquel gadareno habría dado un testimonio valioso en Galilea, y no podíamos sacudirnos la idea de haber invertido demasiado tiempo para una sola persona y no aprovechar luego su milagro. No sabíamos que, mientras nosotros nos cuestionábamos, aquel hombre recorría ciudades sembrando el mensaje de salvación. Jesús cruzó todo un mar para ayudar a una persona, y ahora esa persona era mensajera a diez ciudades.

–Podemos saber las nueces que hay en un nogal, pero no podemos saber los nogales que hay en una nuez –lo recito mientras percibo que la imagen de Marcos se disuelve y, ante mí, vuelve a aparecer el Mar Mediterráneo.

Sigo disfrutando la tarde de oro. Junto al rumor de las olas casi puedo percibir el eco de la voz del gadareno hablando, no ya con voz desgañitada, sino con una modulación firme y segura:

–Él me ha dado paz –decía insistentemente en la despedida–. Antes no podía cerrar los ojos, me aterrorizaba lo que veía dentro. Ahora, al mirar en mi interior, veo un remanso de paz. El hombre contra el infierno no es un combate, es un suicidio. El cielo contra el infierno sí es un combate, pero de victoria garantizada.

Y mis ojos siguen fijos en la inmensidad del cuerpo de agua que se mece y se ondula. Todos pudimos haber sido el gadareno, medito. Yo mismo he podido serlo en ocasiones. Tal vez nunca estuve poseído por demonios, pero si por el temor, o la incertidumbre o por cadenas de rencor. No solo aquella Legión tiene la exclusiva de atormentar. Todos podemos ser oprimidos si descuidamos nuestra vida. Una mínima ranura en mi puerta y él dará una patada y entrará hasta la cocina. El gadareno nos lo diría: "No es un juego, es una guerra, estate alerta y vigilante. ¡No bajes la guardia! Tan cierto como que existe el bien, también existe el mal. El diablo no es malo, es cruel. No le des lugar porque es despiadado".

Ahora sí, me incorporo y tomo el camino de regreso a casa. "Los demonios le rogaban que le permitiese entrar en aquella piara de cerdos". El recuerdo de esa parte del relato me hace sonreír con la plena conciencia de que los demonios eran conscientes de que en aquella confrontación solo había un vencedor. Un solo candidato al podio de la victoria, y ese era Jesús. Cierro mis ojos un instante e inspiro profundamente, la sensación de paz que me inunda es la evidencia clara de que estoy en el equipo vencedor.

El néctar de la reflexión

Ocurrió estos días en la ciudad de Madrid, España: un paciente gravemente enfermo de Covid–19, tras estar cuatro semanas sedado, entubado e inconsciente, en la Unidad de Cuidados Intensivos de un hospital, fue despertando del coma asistido por el personal sanitario cuando notaron que sus pulmones comenzaban a saturar correctamente. Completamente débil y desorientado, sin poder hablar, pidió una pizarra y un rotulador a las enfermeras. Estas se los trajeron, expectantes de qué iría a pedirles mediante el escrito. Lentamente comenzó a trazar una frase. Los auxiliares veían el reverso de la pizarra, por lo que el texto les quedaba oculto. Observaron que mientras escribía, aquel hombre de cincuenta y dos años comenzó a llorar. Preocupadas se aproximaron y en ese momento él giró la pizarra para mostrarles el texto. Con letras desiguales y torcidas, a causa de la debilidad y el pulso trémulo del enfermo, había escrito lo siguiente: "Su sonrisa ha sido mi luz en estos días, gracias". Sin poder ni querer evitarlo, los cuatro auxiliares que le asistían lloraron emocionados.

Ten en cuenta que cada una de esas personas estuvo asistiendo al paciente protegidas con un traje EPI que les cubría por completo, así como una máscara y gafas de protección. Solo se les veían los ojos tras los cristales que a menudo se empañaban pero, aun bajo esas corazas de protección, el enfermo pudo captar las sonrisas de empatía que brotaban de sus miradas, porque las personas que viven oprimidas por temores tienen una capacidad increíble para detectar las fuentes de cariño.

Lo mismo que el endemoniado gadareno, hay muchos que hoy están sedados e inconscientes a casi todo, pero no pueden estarlo al amor, porque el amor es una fuerza incontenible que se filtra por los más pequeños resquicios y penetra por las grietas que el sufrimiento provoca en el alma. Es una medicina efectiva contra cualquier mal y respecto a la que nadie está inmunizado, antes o después provoca sus efectos salutíferos.

Mi padre falleció de Alzheimer a los sesenta y cuatro años. Meses antes de morir quedó sin habla; sin embargo, aun cuando no podía expresar sentimientos o emociones mediante palabras, recuerdo que cada vez que lo abrazábamos, lágrimas densas y redondas como goterones de lluvia, asomaban al balcón de sus párpados y resbalaban por sus mejillas. El amor es un lenguaje universal que pueden captar hasta los muertos. Roguemos a Dios por un bautismo de amor, pues es la bendita vacuna que, desde siempre pero hoy más que nunca, el mundo está necesitando.

¿EL BUEN LADRÓN?

Y cuando llegaron al lugar llamado de la Calavera, le crucificaron allí,
y a los malhechores, uno a la derecha y otro a la izquierda.
Y Jesús decía: Padre, perdónalos, porque no saben lo que hacen.
Y repartieron entre sí sus vestidos, echando suertes.
Y el pueblo estaba mirando; y aun los gobernantes se burlaban
de él, diciendo: A otros salvó; sálvese a sí mismo, si éste es el Cristo,
el escogido de Dios.
Los soldados también le escarnecían, acercándose y presentándole
vinagre,
y diciendo: Si tú eres el Rey de los judíos, sálvate a ti mismo.
Había también sobre él un título escrito con letras griegas, latinas
y hebreas: ESTE ES EL REY DE LOS JUDÍOS.
Y uno de los malhechores que estaban colgados le injuriaba, diciendo:
Si tú eres el Cristo, sálvate a ti mismo y a nosotros.
Respondiendo el otro, le reprendió, diciendo: ¿Ni aun temes tú a Dios,
estando en la misma condenación?
Nosotros, a la verdad, justamente padecemos, porque recibimos
lo que merecieron nuestros hechos; mas éste ningún mal hizo.
Y dijo a Jesús: Acuérdate de mí cuando vengas en tu reino.
Entonces Jesús le dijo: De cierto te digo que hoy estarás conmigo
en el paraíso. Cuando era como la hora sexta, hubo tinieblas
sobre toda la tierra hasta la hora novena.
Y el sol se oscureció, y el velo del templo se rasgó por la mitad.
Entonces Jesús, clamando a gran voz, dijo: Padre, en tus manos
encomiendo mi espíritu. Y habiendo dicho esto, expiró.
LUCAS 23:37–46

Preludio

Es una de esas noches festivas donde la temible pandilla –mis nietos: Emma, Ethan y Oliver– se queda a dormir en casa. Disfrutan de este tiempo al máximo y parecen llegar a la jornada con sus reservas de vigor intactas, como si los días previos economizaran la energía para derrocharla al llegar a casa de "los abus". Entre sus estrategias está la de prolongar hasta el infinito el momento de acostarse. Ethan ha subido a nuestro dormitorio con el único fin de posponer el momento de entrar al suyo y, al ver las estrellas que hay pegadas en las paredes, me pregunta:

–¿Para qué sirven?

–Como todas las estrellas –le digo–, para brillar.

–Pero estas no brillan –replica con toda razón, apuntando con su índice a los pequeños luceros que yacen sin luz sobre los tabiques.

–Ya sabes que las estrellas se encienden en la oscuridad –le recuerdo–, si apagamos las luces verás cómo brillan.

Corre como una exhalación hacia el interruptor y lo pulsa, dejando la habitación a oscuras.

–¡Qué bonito! –exclama al ver que lo que antes eran pedazos de plástico inservibles ahora, en la oscuridad, relumbran–. Quiero poner de esas estrellas en mi casa, para que me alumbren el camino cuando por la noche me hago "pipí".

Poco después los niños duermen, y me asomo a la ventana para oír el sigilo de la noche. Seducido por la tibia temperatura, bajo al jardín donde el otoño teje incesante su alfombra de tonos ocre y amarillo. Me recuesto en la hamaca para disfrutar del cielo despejado, desde el que millones de puntos luminosos me saludan. "A mayor oscuridad en la Tierra, más luz en el cielo", pienso mientras intento distinguir el color de cada uno de los astros. ¿Cuánto tiempo estoy observando antes de que mis ojos comiencen a cerrarse? No sabría precisarlo, pero el desgaste de la temible pandilla se deja sentir en forma de cansancio. Entorno los párpados y, sin apenas percibirlo, paso de la vigilia al sueño.

¿Ensueño, aparición, imaginación?

Como digo, no sé si han transcurrido dos minutos o dos horas, pero al abrir los ojos me he encontrado con su mirada. Sonríe abiertamente y ni siquiera deja de hacerlo cuando percibe mi sobresalto.

–¡Me ha asustado! –replico incorporándome de mi hamaca y parándome a un metro de aquel aparecido–. ¿Quién es usted? ¿Qué hace aquí?

–Son hermosos los cielos nocturnos –repone ignorando mis preguntas–. Cuando las luces se aprecian de verdad es en medio de la oscuridad, y no cuando hay contaminación lumínica –se deleita tranquilamente en el firmamento estrellado, antes de apuntillar–: eso mismo pensó él. Aquella luz lo deslumbró en medio de las tinieblas. Jamás había visto tanta claridad, porque nunca antes se había sentido sumido en una oscuridad semejante.

–No entiendo ni una palabra de lo que me dice –cada vez estoy más convencido de que un loco se ha colado en mi jardín–. ¿De qué me está hablando? ¿De quién me está hablando? Y le agradecería que me diga de una vez quién es usted, antes de que llame a la policía.

–Discúlpeme –por fin ha entendido que me debe algunas explicaciones–, mi nombre es Asher.

Un nombre hebreo, intuyo enseguida, como también lo son sus rasgos faciales; sin embargo, habla castellano perfectamente, pero su fisionomía, con la nariz que carece de puente y ligeramente aguileña, así como el arreglo de su cabello negro y ondulado, y sobre todo su barba, corta y afilada, como si le hubieran sacado punta con el filo de una navaja, ponen de manifiesto que es judío. Su fluidez en el español y la ausencia de acento extranjero me hacen pensar que puede tratarse de un sefardita.

–Asher, si no me equivoco, significa "felicidad" –arriesgo–, ¿es por eso que sonríe siempre?

Ríe el "okupa" con mi ocurrencia, e incluso, más relajado, tiene la osadía de acomodarse en la hamaca que está más próxima a la mía.

–Me encantan estas noches tibias y despejadas. Disfruto tanto contemplando las estrellas. Mi mente me traslada sin remedio a aquella escena donde en pleno mediodía se oscureció la Tierra, lo que provocó que surgiera la más intensa luz que jamás se haya encendido. Él pudo apreciarlo.

–¿Le importaría decirme a quién se refiere al hablar de "él"? –mi tono de voz no desborda cortesía, pero no es para mí sencillo convivir con un intruso, aparecido en mi jardín nadie sabe cómo. Todas mis alarmas se encienden al recordar que mis tres nietos se encuentran en casa.

–Me refiero a Dimas, mi antepasado.

–¿Dimas? –no me dice nada el nombre.

–Sí –afirma el semita–. Muchos lo conocen como "el buen ladrón".

–¿Está refiriéndose al ladrón que fue crucificado a la derecha de Jesús?

–Al mismo –admite.

–¿Es usted descendiente del ladrón Dimas?

–Lo soy, por parte de madre –dice, y enseguida reconoce–: Dimas no era solo ladrón, en realidad era un malhechor bastante peligroso. Pues bien, mientras era crucificado a la derecha de Jesús, sus luces, todas ellas, se apagaron, y bajo el grueso manto de tinieblas que cubrió la Tierra por tres horas, desde la hora sexta hasta la hora novena, pudo apreciar el fulgor de la vida que relumbraba a su izquierda. De Jesús, emanaba la luz de la vida; él lo vio y decidió abrazarla. Creo que por eso, por esa oscuridad que se produjo mientras mi antepasado moría cerca de Jesús, cada noche estrellada me lo trae a la memoria.

–Veo que conoce bien la historia –admito, todavía tenso y plenamente alerta. Muchos maleantes usan relatos de tinte religioso para tranquilizar a los propietarios antes de asaltar sus casas.

–¡Claro que conozco la historia con detalle! –ni un instante deja de sonreír–, en casa de mis padres se contaba el relato un mínimo de dos veces al mes.

–¿Por qué cree que Dimas tomó el camino de la delincuencia? –apenas he formulado la pregunta y ya lo lamento profundamente; estoy dando pie a que ese extraño, que más parece un desequilibrado que cualquier otra cosa, continúe con su disparatada charla.

–Creo que todo se inició cuando lo alzaron a la cresta de la ola.

–¿Cómo dice?

–Deje que le explique –y observo, preocupado, que el semita, si es que lo es, se acomoda definitivamente en la hamaca, recostando la cabeza sobre la colchoneta. Con los ojos fijos en el cielo negro inicia un pormenorizado relato de los hechos. ¡Cómo me arrepiento de haberle hecho la pregunta!–. Dimas era hábil y fuerte; trabajaba su cuerpo con esmero y llegó a modelar una figura imponente y una fortaleza física envidiable. Ganaba en cualquier pelea y triunfaba en cada reto. Por eso lo idolatraron –Asher mueve varias veces su cabeza en un gesto de negación y me mira al decir–: nunca deberíamos permitir que nadie nos alce a la cresta de la ola.

Pocas expresiones son tan exactas para definir la altura y precariedad simultáneas de quien sube como la espuma, brilla un instante y después se desploma. Eso le ocurrió a mi antepasado: lo alzaron al pedestal y, cuando se fueron quienes lo idolatraban, se estrelló contra el suelo.

Guarda silencio por un instante, tiempo que aprovecho para meditar en sus últimas palabras: "En la cresta de la ola hay soledad, vértigo y una indecible sensación de provisionalidad" –reflexiono quedamente–. No me gustan los despegues meteóricos, ni me seducen las estrellas fugaces. No me dejo impresionar por un hecho puntual, prefiero recrearme en trayectorias estables y pequeños triunfos sostenidos en el tiempo. El judío me observa, pero al ver que no apostillo nada, enfoca de nuevo la vista en las estrellas y retoma su relato:

–Mi antepasado tenía muy preocupada a la familia, que cada vez era más consciente de que Dimas utilizaba su fuerza para apropiarse de cosas ajenas y de dinero que no era suyo. Pero la cosa pareció enmendarse cuando se enamoró –de nuevo me mira y noto que su perenne sonrisa se ha vestido de ternura. Me sorprendo al descubrirme a mí mismo retomando mi asiento en la hamaca. Aún no sé si ese hombre es un forajido, pero no cabe duda de que resulta encantador y persuasivo–. Al principio, el amor fue un suave pensamiento: la vio pasar y dijo: "Qué hermoso el mundo con esta luz enfrente, con esta luz iluminando el cielo". Fue un primer peldaño balbuceante; al gustar siguió el querer y al querer, tras el primer encuentro y la conversación, sobrevino el necesitar. Dina se convirtió en el nombre más bello del planeta, pero fue al asomarse al alma de ella cuando apareció el amar en el sentido estricto –ahora asiente con firmeza–. Toda mi familia ha coincidido en que Dina era un ángel que tomó de la mano a Dimas y lo sacó del infierno en el que había caído. Por ella dejó a sus desaconsejables amigos, y solo con ella siguió escalando hacia la cima –me mira con intensidad para advertirme–. Ahora, recuerde usted siempre subir la escalera del éxito con una mano arriba y una abajo, arriba para aferrarse a alguien que le ayude a subir al siguiente nivel y la otra abajo para ayudar usted a alguien más, porque cuando caiga, que caerá, es probable que aquellos a quienes ayudó lo ayuden a usted.

–Entiendo –le digo, más que nada con la intención de que continúe y concluya de una vez su relato.

–Tuvo un enfrentamiento con alguien –la voz de Asher se ha vuelto sombría–; nadie está seguro de la razón de la disputa, pero Dimas no supo medir su fuerza, y la escaramuza terminó en asesinato.

–¿Dimas mató a su rival? –replico desconcertado y, ahora sí, enganchado a la truculenta historia.

–Convertido en asesino, lo perdió todo –habla tan bajo que debo inclinarme un poco para oírlo mejor–. Tuvo que ocultarse para escapar de dos perseguidores: la ley, y el peor de todos, la familia del difunto. "El ojo por ojo y diente por diente" imperaba en aquel tiempo, y la familia tenía el derecho y el deber moral de vengar la muerte de aquel desdichado. Sin su amada Dina, sin familia, sin ninguna otra cosa salvo enemigos y perseguidores, Dimas se deslizó a los infiernos hasta que fue capturado por sus delitos.

–¿Cree que merecía una ejecución como la que sufrió? –la fantástica historia que me está relatando me ha hecho bajar la guardia, aunque de tanto en tanto el resquemor me invade.

–¡Por supuesto que lo merecía! –se detuvo un instante y reflexionó–. Quiero decir, ningún humano debería morir de forma tan cruel, pero de acuerdo con las leyes vigentes entonces, los hechos de Dimas lo hacían acreedor de la cruz. Él mismo lo reconoció hablando con su compañero de fechorías, ¿recuerda sus palabras en la cruz? "Nosotros, a la verdad, justamente padecemos, porque recibimos lo que merecieron nuestros hechos".

–Era una muerte horrible –lo susurro, pensando más en la injusta ejecución de Jesús que en los ladrones que lo flanqueaban.

–No puede usted imaginarlo –me dice Asher–. Creo que nadie merece algo tan despiadado. Como médico puedo asegurarle que pocos martirios son equiparables a morir crucificado.

Un relato que quebranta

–¿Es usted médico? –me rebullo en mi asiento, cada vez más emocionado. A lo mejor mi inesperado visitante no está tan loco–. Desde que tengo memoria, me he hecho esta pregunta: ¿cómo habrían descrito los médicos forenses las causas de la muerte de Jesucristo, si hubiesen tenido oportunidad de practicarle una autopsia?

De pronto me he vuelto lenguaraz y parlanchín, pero es que el derrotero que la conversación ha tomado es de mi máximo interés, así que sigo interrogando a Asher:

–¿De qué cree que murió Jesús? –y le aclaro mi pregunta–. Entiéndame, yo sé que lo mató el suplicio de la cruz, pero le confieso que he dedicado media vida a investigar qué es lo que dicen sobre tales acontecimientos aquellos historiadores de la época que no tuvieron influencias religiosas ni fueron partidarios del crucificado. Me refiero a historiadores profesionales o testigos presenciales que no eran cristianos. A gente que, por no tener interés personal en el asunto, hiciera un relato objetivo y ponderado.

–Yo también he buscado las pocas pero extraordinarias investigaciones científicas sobre la muerte de Cristo que se han conocido en los veinte siglos largos transcurridos desde entonces. Le confieso que lo hice solo por conocer los padecimientos que sufrió mi antepasado, aunque rápidamente quedé cautivado por la persona de Jesús, el nazareno –me mira, complacido–. Si me concede unos minutos, puedo intentar resumirle mis descubrimientos –mira su viejo reloj de pulsera, todavía de manillas–, aunque le advierto que es tarde.

–Se lo ruego –definitivamente ha tumbado todas mis defensas–, me encantaría conocer sus descubrimientos.

–Sospecho que va a quedar tan asombrado como yo al descubrir que, desde un punto de vista netamente médico y académico, los galenos coinciden con la narración de los evangelistas –sonríe abiertamente, y la declaración que acaba de hacer provoca también mi sonrisa–. No soy teólogo ni predicador sagrado –me advierte–, sino un humilde médico con sangre de periodista que se limita a registrar los hechos tal como ocurrieron. En carne viva.

Hace una breve pausa que sirve de antesala al impresionante espacio donde me introducirá su exposición:

–Imagine que son las doce del mediodía de aquel viernes trágico. El sol está alto en el cielo. Jesús acaba de llegar al monte Calvario, o monte de la Calavera, en las afueras de Jerusalén, un pequeño promontorio llamado así porque no tiene hierba y parece una cabeza pelada. Yo lo he recorrido mucha veces, haciendo investigación. Calavera, en arameo –resalta–, la lengua en la que Jesús predicaba, se dice "gólgota" –reflexiona un instante, ordenando las ideas–. En el camino hacia la muerte, el reo, en este caso Jesús y los dos malhechores, llevan a cuestas el madero horizontal de la cruz, llamado "patibullum". Ese travesaño pesaba alrededor de sesenta kilos. El vertical se lo agregarán cuando estén en el monte, poco antes de crucificarlo, puesto de espaldas al suelo, de cara al sol del mediodía. Los acompaña el populacho frenético, malhechores y niños junto con hombres y mujeres curiosas, que disfrutan morbosamente con el terrible espectáculo.

Lo empujan hasta hacerlo rodar por el suelo de piedra, se ríen de ellos a carcajadas, los soldados romanos los insultan. Aquí es justo reconocer que todos los historiadores coinciden en que la multitud se cebó en su crueldad contra Jesús. Flavio Josefo, un respetado cronista del paganismo, relata que "se burlaban de él lanzándole escupitajos y gritándole: 'Si tu Dios te quiere tanto, que venga a salvarte'. Parecían perros sedientos de sangre tras los despojos del pobre hombre". "Y, sin embargo", agrega Plinio el Joven en sus anotaciones romanas, "aquel condenado dolorido y sangrante los miraba a todos con una mirada mansa y piadosa" –me mira fijamente al reconocer–. Por eso le he mencionado que esta investigación que inicié por honrar a mi antepasado me ha hecho ver a Jesús de una forma diferente. Déjeme, por tanto, que me centre ahora en Él –hay profundo respeto en Asher cuando su voz modula el pronombre–. Antes de iniciar su recorrido hacia el Calvario, a través de un laberinto de callecitas que hoy se conoce como "viacrucis", Jesús fue castigado con treinta y nueve latigazos en la espalda desnuda. Treinta años después, el historiador romano Cayo Graciano, que también era pagano, y que pudo entrevistar a varios testigos presenciales, explica que los látigos son tiras de cuero que llevan colgadas unas bolas metálicas. Fueron esas bolas las que le provocaron los enormes moretones que se le veían en la espalda. Por si fuera poco, también lo azotaron con un monstruoso instrumento de tortura, en este caso las tiras de cuero terminaban en unos largos pedazos de hueso afilado que le cortaron la carne severamente.

–¿Cómo pudo aguantar? –estoy profundamente conmovido.

–Oiga –me dice mi interlocutor–, ¿le importaría traerme un vaso con agua? Tengo la garganta seca.

–Por supuesto, ¿prefiere un refresco?

–Ah, eso sería maravilloso –su natural sonrisa se incrementa–. ¿No tendrá, por casualidad, refresco de naranja?

–No lo tengo por casualidad –le digo, riendo, mientras voy hacia la cocina–, sino porque les encanta a mis nietos, aunque yo jamás lo bebo.

–No le ponga hielo, por favor –alcanzo a escuchar.

Cuando se lo entrego da un largo sorbo con el que vacía la mitad del contenido.

–¡Delicioso! –agradece, chasqueando la lengua, mientras deja el vaso sobre la mesa baja de resina blanca que hay entre las hamacas–. Respecto a su interrogante de cómo pudo aguantar Jesús, muchos nos hemos preguntado lo mismo. Mire lo que describe textualmente Cayo Graciano: "Cuando llegó al monte, el Nazareno, que además era muy flaco, tenía la espalda tan desgarrada que quienes estaban más cerca de él dicen que pudieron verle algunos fragmentos de la columna vertebral, a pesar de los borbotones de sangre que le brotaban" –lo recita como si lo estuviese leyendo. Estoy asombrado de una memoria tan prodigiosa–. "¿Cómo pudo resistir ese hombre semejante dolor durante tanto tiempo?", se preguntó, al igual que usted, el fisiólogo Zacarías Frank, uno de los investigadores médicos más respetados del siglo XX, austríaco de nacimiento, y que tampoco era cristiano, sino judío practicante. Sobre la muerte de Jesús hay un hecho elocuente que poca gente conoce, su dolor era tan agobiante que en esa época no existía una palabra para describirlo, ni siquiera en la ciencia médica. Tuvieron que pasar diecinueve siglos antes de que acuñaran el término adecuado para referirse a una dolencia literalmente insoportable. ¿Sabe cuál es la palabra para referirse al dolor insufrible, intolerable y agónico? –me mira y calla, pero sé que no espera una respuesta–. Los doctores lo llaman, precisamente, "dolor excruciante", que, traducido al lenguaje coloquial, significa "dolor que se siente en la cruz". La Academia Inglesa de Medicina lo describe así: "Dolor atroz, insoportable y agonizante".

–Creo que sobre Él, en la madera de la cruz, clavaron un cartel –le recuerdo.

–Eso es totalmente cierto –admite Asher con satisfacción–. Tenga en cuenta que en las crucifixiones siempre tenía lugar una especie de procesión: desde el paseo de la Corte, dentro de la ciudad, hasta el lugar de la ejecución, siempre extramuros. En ese paseo, el reo iba precedido de un soldado romano que llevaba un cartel en el que se anunciaba la causa por la que aquella persona iba a ser crucificada; con frecuencia ese cartel se exhibía, luego, clavado en el madero. Por lo que sé, en el caso de Jesús no encontraron ninguna causa que mereciese tal martirio, así que pusieron sobre él un título escrito con letras griegas, latinas y hebreas: "ESTE ES EL REY DE LOS JUDÍOS" –me mira con ojos muy abiertos–. ¿Se da cuenta? Queriendo escarnecerlo, lo que lograron fue declarar a todo el mundo su realeza y majestad.

–No me ha dicho nada de los clavos –mi voz está casi quebrada a causa de la emoción que me produce pensar en el martirio que Jesús sufrió.

–Ahora llega eso –repone el judío calmadamente–. Volvamos al monte Calvario. Ya lo están clavando en la cruz que será levantada en medio de la colina. Ahora hemos venido a saber, gracias a las investigaciones científicas más respetables que, contra la creencia popular, y contra lo que se representa en cuadros y dibujos del imaginario artístico, los clavos no le fueron puestos en las palmas de las manos.

–Lo que horadaban eran las muñecas del reo –eso sí lo conozco.

–Correcto. Se ha aclarado pues en aquella época, en latín, lengua que también se hablaba en la colonia romana de Palestina, la palabra manos se escribía "manibus", pero no se refería a las manos propiamente, sino al antebrazo completo. Nicu Haas, profesor de la Universidad Hebrea de Jerusalén, dirigió una cuidadosa investigación con la que demostró que si a los crucificados los hubieran clavado en la palma de las manos, el peso del cuerpo, por ley de gravedad, los habría empujado hacia adelante y, con toda seguridad, se habrían desclavado, cayendo al suelo. En 1968, un grupo arqueólogos halló al norte de Jerusalén varios de los clavos que se usaban para las crucifixiones en tiempos de Cristo. Su tamaño, más largo que lo normal, parece demostrar que fueron usados para atravesar las muñecas y no las palmas.

–Veo que se ha documentado bien –lo digo con sincera admiración–. ¿Logró averiguar algo acerca de la oscuridad que cubrió la Tierra durante la crucifixión de Jesús?

–En realidad con eso comenzó nuestra conversación, ¿recuerda mis primeras palabras esta noche? –pudiera parecer que hay reproche en su respuesta, pero su sonrisa lo desmiente–: "Cuando las luces se aprecian de verdad es en medio de la oscuridad, y no cuando hay tanta contaminación lumínica. Eso mismo pensó él. Aquella luz lo deslumbró en medio de las tinieblas. Jamás había visto tanta claridad, porque jamás se sintió sumido en una oscuridad semejante" –¡sonríe siempre! Yo permanezco con la boca abierta ante la literalidad con la que recita las frases y los eventos. Él continua como si nada–: todos los testimonios coinciden en que Jesús murió a la hora religiosa de nona, la hora de la oración, que equivale a las tres de la tarde de nuestra época. Flavio Josefo, el gran historiador romano, dejó registrado ese momento en la formidable crónica que escribió en su libro *Antigüedades judías*:

> "Cuando el condenado expiró, el gigantesco velo que cubría lo más sagrado del templo de los judíos se rasgó en dos, de arriba hacia abajo, como si un rayo invisible lo hubiese destruido, y la tierra tembló con un grande estremecimiento, las piedras del monte se partieron sin que nadie las hubiera tocado, se abrieron las tumbas del cementerio del valle de Josafat, que queda frente al Calvario, y muchos cadáveres se pusieron de pie para ir en busca de sus familiares. Y a pesar de que solo era media tarde, el sol se ocultó, y el mundo quedó sumido en las sombras".

Por su parte, Plinio escribió que "al ver lo que estaba pasando, uno de los soldados romanos se volvió a sus compañeros y exclamó: 'Verdaderamente, este era el hijo de Dios'. Luego empezó a gritar, arrojó su lanza y se fue corriendo, colina abajo. Nunca más se volvió a saber de él". Entre tanto, Jesucristo se desangró en la cruz. La hemorragia era incontenible. "Sudaba sangre", escribe Graciano. "Y jadeaba con desesperación. Se estaba ahogando".

–¿Recuerda la pregunta que me formuló al principio?

–¿A qué se refiere? –obviamente mi brillantez mental dista mucho de la de mi forzoso invitado.

–Usted me dijo: "Desde que tengo memoria, me he hecho esta pregunta: ¿cómo habrían descrito los médicos forenses las causas de la muerte de Jesucristo si hubiesen tenido oportunidad de practicarle una autopsia? ¿De qué murió?".

Murió de amor

–Tiene usted una memoria portentosa –admito, y luchando para que su esplendor no menoscabe mi autoestima, reconozco–: sí, esa fue mi pregunta: ¿de qué murió?

–En rigor, mi respuesta debería ser: murió de amor. Nada en aquel martirio fue lógico, pero lo que resultó asombrosamente antinatural fue que, en medio de la agonía, tuviera la ocurrencia de perdonar a sus verdugos y rogar al cielo que también allí les otorgasen perdón.

–"Y Jesús decía: Padre, perdónalos, porque no saben lo que hacen". Esa fue su oración desde la cruz –recuerdo.

–Así es –acepta el judío–. Nada es menos lógico que esa oración. Simplemente incomprensible. Por eso le digo que lo que condujo a Jesús a la muerte fue amar de una forma tan asombrosa y absoluta. Pero usted tiene una interrogante que lo ha acompañado toda la vida: ¿de qué murió Jesús, científicamente hablando?

Asiento con la cabeza, pero profundamente conmovido por las palabras de Asher: "Murió de amor, .lo que condujo a Jesús a la muerte fue amar de una forma tan asombrosa y absoluta".

–En realidad –continúa el médico judío– hubo cuatro causas de la muerte. Josefo dice lo siguiente: "La crucifixión era una condena tan terrible que a Jesús le desmembró los órganos corporales. De lejos, se le podían contar los huesos y las costillas". El doctor Edward Albury, decano universitario en Oxford, y sobrino del legendario historiador inglés Arnold Toynbee, dice que Jesús sufrió una hemorragia terrible, que provocó en su organismo cuatro efectos principales:

1. Desmayos y colapsos fugaces, pero constantes, a causa de la baja presión sanguínea, que le sobrevino desde que lo estaban azotando en el palacio de Pilato, llamado pretorio. Esos desmayos fueron los que lo hicieron caer al suelo varias veces, cuando iba camino del Calvario.
2. Los riñones dejaron de funcionarle, lo cual le impidió conservar el poco líquido que le quedaba en el cuerpo.

3. Debió sufrir una terrible arritmia cardiaca, con el corazón desbocado, tratando de bombear afanosamente una sangre que ya no tenía.
4. Cuando exclamó: "Tengo sed", fue porque el cuerpo estaba ansiando líquidos para reponer la sangre perdida. Todo eso le provocó la muerte.

El fisiólogo alemán Walter Hernuth, que se describía a sí mismo como "ateo racionalista", publicó en 1954 las conclusiones de su investigación. "Yo no creo que este hombre fuera hijo de Dios", dice, "pero podría haberlo sido para resistir semejante tormento durante tres horas. No sé cómo lo hizo. No conozco a nadie que aguante eso".

Asher se ha quedado en silencio, con la mirada en algún punto indefinido del negro horizonte. Así permanece durante varios minutos, tiempo que yo aprovecho para asimilar la cruel tortura que Jesús sufrió por mí. Mientras percibo que la humedad acude a mis ojos, vuelvo a escuchar la voz del judío.

Encuentro con lo sublime

Mi antepasado, Dimas, estaba a su derecha. ¿Ha observado que la mayoría de imágenes que vemos de Jesús crucificado lo muestran con su cabeza inclinada hacia la derecha? Jesús miró al malhechor y le habló y lo salvó.

Ahora mis ojos se convierten en fuentes abiertas, no puedo evitarlo, me conmueve hasta las lágrimas la idea de que, aún en plena agonía, la atención de Jesús no se aparta de quien lo busca y, aún sin fuerzas para respirar, logró reunir el aliento necesario para exhalar palabras de salvación al malhechor arrepentido.

–El Buen ladrón, así lo llaman –comenta Asher–, pero Dimas tenía muy poco de bueno y mucho de ladrón. Él también participó de los insultos a Jesús, lo hizo durante la procesión, camino del Gólgota, pero al observar la forma de actuar del nazareno comprendió que era diferente a todos los que hasta ese momento había conocido. Fue descubriendo en el camino hasta la cruz quién era ese "misterioso personaje" al que acusaban de blasfemo y, se dio cuenta de que, a diferencia de todos los blasfemos que había conocido en su vida, que fueron muchos, pues Dimas vivía entre blasfemos, Jesús no mostraba ni odio ni resentimiento, sino que perdonaba a sus enemigos. Ya son más de las tres de la tarde –el médico semita va llevando su relato a la conclusión–. Al pie de la cruz, María, la madre de Jesús, espera con una sábana en las manos que le entreguen el cadáver de su hijo. La acompaña Juan el evangelista, que tiene apenas veinticuatro años y parece un niño, el discípulo más joven de todos, el único entre los doce apóstoles que tuvo el coraje de acompañarlo hasta la muerte, desafiando la furia de la muchedumbre. En el monte de la calavera, se perfilan tres cruces: la del Salvador, la de un salvado y la de alguien que rechazó la salvación. Cincuenta años después, a mediados del siglo I, el gran filósofo Séneca, que era profesor del emperador Nerón, escribió esta frase: "No soy cristiano, pero me estremezco al pensar que Jesús murió lentamente, gota a gota, como su propia sangre".

Miro a Asher con la emoción impresa en mis pupilas y palmeo su hombro con gratitud. Temí que fuese un forajido que asaltó mi casa para robarme, pero descubro que es un bienhechor que llegó a mi corazón para enriquecerlo.Abro los ojos lentamente y me descubro envuelto en un dulce sopor, en ese momento cuando la línea entre la conciencia y la inconsciencia se diluye. Estoy suspendido entre el sueño y la vigilia. Dormido, pero no completamente; despierto, pero no alerta. Y descubro que estoy solo. Tumbado en mi hamaca bajo un cielo raso inundado de brillantes gemas. ¿Y todo lo vivido? ¿Y todo lo escuchado? ¿Ha sido algo real o solo se trató de un sueño? La noche ha caído y también la temperatura. Acuciado por el frío, me incorporo para entrar a casa.

Al incorporarme he rozado con mi pie derecho la pequeña mesa de resina, y a punto está de caerse el vaso de cristal que hay sobre ella, lleno hasta la mitad de un líquido de color azafranado. Desde luego que no es mío; no me gusta el refresco de naranja. Me llama la atención que el colchoncillo de la hamaca más próxima conserva la forma de un cuerpo, como si alguien hubiera estado recostado. Al aproximarme y tocarlo percibo que está tibio, no ha caído sobre él el relente de la noche, sino que mantiene calor. Lo mismo que mi corazón que parece arder tras un encuentro que ha traspasado la frontera del alma, para dejar huellas indelebles en mi espíritu.

EPÍLOGO

Es la tarde del último domingo de diciembre. Me hallo en el salón de casa, cómodamente sentado. A mi izquierda un sol de oro y plata resbala sobre los tejados humedeciéndolos de belleza. Sus rayos llegan tibios a mi rostro, pero no logran engañarme, sé que fuera hace frío. Esta mañana, al abrir la ventana, el césped pareció gritarme bajo una helada capa de escarcha que lo emblanquecía por completo. Por eso prendí la chimenea y durante todo el día la he alimentado.

Ahora, con mis ojos fijos en el fuego, reflexiono. La madera crepita y las llamas danzan creando figuras sugerentes; por momentos parecen acompasar los movimientos a los acordes navideños que suenan. También las luces multicolor que parpadean por todo el perfil del hogar parecen acomodar sus guiños al fondo musical.

El 2020 concluye, y también este trabajo literario. Cierro el año con una mezcla de sabores impregnando el paladar del alma. No ha sido un ciclo fácil y las reservas emocionales se notan desgastadas. La esperanza quiere abrirse paso y a ratos el cansancio se lo impide. Definitivamente debo aquietarme en este mirador y sumergirme en Aquel que es sublime.

Probablemente siga la tormenta y puede, incluso, que arrecie, pero aquí estoy seguro: pegado a su costado que fue abierto por amor a mí. Yo solo tengo preguntas, pero Él tiene todas las respuestas, y tiene también paz, y todo el sosiego que mi alma necesita.

Si Dios cierra una puerta es porque abrirá la perfecta; si borra es para escribir algo nuevo y si vacía nuestras manos es porque desea llenarlas de un tesoro, solo hay que saber esperar. Si no entiendes algo, no te precipites, a la hora justa amanecerá, y con la luz del día vendrán las respuestas.

He aprendido que, así sacuda el reloj de arena con todas mis fuerzas, cada grano caerá a su tiempo. No debo forzar nada, que todo llega cuando tiene que llegar. Por eso aquí me quedo, con su corazón como almohada y sus brazos como refugio seguro.

También hay lugar para ti si lo deseas, su corazón es inmenso, como grandioso es su amor. Si quieres saber cuánto te ama, mira la cruz, así de colosal es el amor que te profesa. El "Te amo" más sincero surgió de esa cruz. Ven, descansa y renuévate; en el mirador de sus brazos, todo adquiere sentido y la vida junto a Él se convierte en un constante encuentro con lo sublime.

Concluido en Madrid, el 27 de diciembre de 2020

NOTA FINAL DEL AUTOR

Inicié este libro con una sincera y sentida dedicatoria a las víctimas de la Covid–19 y el tono de mi escrito dejaba ver la esperanza que todo apuntaba a un inminente cierre de esa terrible crisis sanitaria. Ahora, meses después de haber concluido el libro, y mientras doy un último vistazo a las páginas antes de que partan hacia la imprenta, los medios de comunicación –hablados y escritos– siguen desplegando noticias luctuosas como crespones negros que contaminan el aire. La pandemia, que se creía controlada y casi neutralizada ha sabido reinventarse, adoptando una forma todavía más voraz: la variante Delta, mucho más contagiosa que las anteriores, desarrolla los síntomas con una rapidez y virulencia inusitadas. Las vacunas aplicadas suavizan los efectos, pero no logran limitar los ingresos hospitalarios, aunque aminoran los fallecimientos.

Miles de ojos que antes se enfocaban en los laboratorios donde se gestaban las vacunas, ahora se alzan al cielo, comprendiendo finalmente que solo de allí, del cielo, podrá llegar la imprescindible ayuda.

Me hubiera encantado cerrar este libro hablando de esta crisis como algo pasado, pero no puedo hacerlo. Lo que te digo con plena convicción es: cuando el futuro te parezca incierto, confía en Dios, quien siempre es cierto. Confiemos en Dios y despleguemos la bandera de la fe, porque con Él jamás una desgracia será la última noticia.

SOBRE EL AUTOR

José Luis Navajo comenzó a ejercer funciones pastorales siendo muy joven, a los 17 años. En la actualidad forma parte del cuerpo pastoral de la Iglesia Buen Pastor, en Madrid, y compagina esas actividades con un servicio intereclesial mediante el que imparte conferencias y ministra en el ámbito nacional e internacional. Así mismo, es profesor en el Seminario Bíblico de Fe, además de un reconocido escritor con diecisiete títulos publicados por diversos sellos editoriales.

José Luis y su esposa, Gene, llevan 34 años casados. Tienen dos hijas: Querit y Miriam, y tres nietos: Emma, Ethan y Oliver.